요즘 팀장의
리더 수업

요즘 팀장의 리더 수업

[이민영 지음]

함께 일하고 싶은
팀장이 되는
최소한의 기본기

RHK
알에이치코리아

VUCA시대*, 포스트챗GPT, 엔데믹, 뉴노멀, 대퇴사 시대… 이 시대를 일컫는 단어들은 참으로 많다. 새해가 되면 우리는 바이블처럼 신년을 예측한 책들을 무수히 찾아 읽고, 또 한 해의 계획을 수립한다. 그러나 그 예측들 중 대부분은 들어맞지 않는다는 통계도 있다.《특이점이 온다》로 유명한 발명가이자 미래학자 레이 커즈와일Ray Kurzweil은 세기말인 1999년, 10년 뒤인 2009년에 이루어질 기술적 진보 12가지를 예측했다. 하지만 2012년 〈포브스〉 분석에 따르면, 그의 예측 중 실제 실현된 건 단 한 가지뿐이었다. 우리는 이처럼 예측할 수 없는 시대에 살고 있다. 이러한 시대에 살아남기 위해 직장인들은 어떤 역량을 키워야 하는가. 시대가 변화되면서 조직 내 모습에도 많은 변화가 있다. 직급 체

---

* 변동성(Volatility), 불확실성(Uncertainty), 복잡성(Complexity), 모호성(Ambiguity)의 약자로, 빠르게 변화하여 예측하기 어려운 현대 사회를 설명하는 용어이다.

계를 없애기도 하고, 새로운 조직 체계를 만들기도 하며 조직의 변화를 꾀한다. 이 과정에서 계속적으로 살아남는 직책이 딱 하나 있는데, 바로 팀장이다. 팀장은 가장 작은 실행 조직의 대표라 할 수 있으며, 그 대표의 역할도 시대에 따라 크게 변화해 왔다.

25년 전 내 기억 속 팀장들의 모습이 아직도 생생하다. 당시 내가 다니던 회사에서는 모든 일간지의 조간과 석간을 구독했다. 꽤 좋은 조직에서 첫 직장생활을 시작했지만, 나의 기억 속 팀장님들을 떠올리면 출근할 때부터 퇴근할 때까지 하루 종일 신문만 보던 모습이 생각난다.

그 이후로 25년이 더 지났다. 그들은 지금 어디에서 무엇을 할까? 당시 자신들의 모습을 어떻게 기억하고 있을까? 하지만 그들을 탓할 일이라 생각하지는 않는다. 팀장 리더십이 무엇인지도 몰랐을 것이고, 그냥 어쩌다 된 팀장이라는 자리를 그동안의 직장생활에 대한 보상으로 여겼을 수도 있다. 하지만 이제는 시대가 많이 바뀌었다. 세상이 너무 빠르게 변화하여 그 변화에 적응하지 못하면 바로 도태된다. 팀장이 팀원 관리를 잘하지 못하면, 능력 있는 팀원은 조직을 떠난다. 팀원들은 배울 게 없는 팀장과 더 이상 일하고 싶어 하지 않으며, 팀의 성과도 곤두박질치게 된다. 요즘의 조직은 이런 팀장들이 버틸 수 있는 곳이 아니다. 팀장은 개인의 성과는 물론, 팀의 성과와 팀원들의 성장을 모두 챙겨야 하며, 자기 관리까지 아주 많은 부분에서 완벽한 사람이어야 한다.

20년 넘게 HRD^{Human Resource Development}(인적자원개발)를 공부하면서 수많은 기업의 팀장들과 팀원들을 만났다. 시대가 변화하면서 과거의 팀장에게서 보고 배웠던 리더십으로 팀을 끌고 갈 수 없음에 어려움을 토로하는 팀장들이 많았다. 평생직장, 평생직업이 사라진 이 때에 자신의 역량 개발에 많은 관심을 갖고 있는 팀원(미래 팀장)들 또한 여러 가지 조언을 구해왔다. 이들의 멘토가 되어 해주던 조언들을 한곳에 정리해 달라는 주변의 권유가 많았다. 이것이 이 책을 집필한 이유다. 이 책은 더 나은 팀을 만들기 위해 팀장이 발휘해야 하는 리더십 스킬은 물론 언젠가는 관리자(팀장)가 되고자 하는 젊은 팀원들이 자신의 역량을 펼쳐나가는 데 조금이나마 도움을 줄 수 있는 팀장 리더십 치트키 같은 책이다.

　말 그대로 이런 변화무쌍한 시대에 팀장들은 다양한 경력 단계를 경험한다. 사원, 대리, 차장, 부장을 거쳐 자연스레 팀장이 되었던 이전의 구조와는 달리, 중견기업이나 스타트업에서는 탁월한 기술력으로 팀장이 되기도 하고, 팀원 없이 팀장 한 명뿐인 새로운 팀을 꾸리기도 한다. 기존의 팀이 없어져 팀장이 옆 팀의 팀원이 되는 경우도 있다. 다양하고 개성 넘치는 MZ세대 팀원들로 골머리를 앓기도 한다. 또는 관리자보다는 실무자로 남기를 원해 실무자, 관리자 트랙을 따로 두어 젊은 팀장, 나이 많은 연상 팀원이 존재하는 조직도 있다. 경력이 많거나 실력이 있는 사람이 꼭 팀장이 되는 구조가 아니라는 것이다. 이것이 바로 요즘 팀장의 모습이다. 이런 팀장에게 요구되는 역량을 하나로 정의하기 어렵지만 두 가지로 함축해 보면, 변화에 대한 기민함과 학습의 민첩성이라 본다. 이 두 가지 역량을 기를 수 있는 실질적인 팁으로 이 책을 구성해 보았다.

　이 책은 총 3개의 챕터로 구성되어 있다. 1장은 팀장으로서 자신을 관리하는 법, 2장은 팀을 관리하는 법, 3장은 팀원을 관리하는 법이다. 1장은 팀장의 다양한 역할과 팀장이 갖추어야 하는 역량들을 나열했다. 일잘러가 꼭 팀장이 되지는 않는다. 팀장은 팀원과 다른 일을 해야 하며 팀장에게 요구되는 역할과 역량은 따로 있다. 팀원들이 일하고 싶도록 동기를 부여해야 하고, 일할 수 있도록 능력을 키워줘야 한다. 팀장의 역량을 팀원들에게 증명하는 순간 리더십은 자연스레 발휘될 것이다. 이 책을 통해 팀장의 역할을 맡는 순간 해야 할 업무들을 하나하나 배워 나가게 될 것이다. 2장은 팀 관리의 역량으로 팀의 구조를 이해하고 팀의 정체성을 어떻게 만들어 나갈지에 대한 내용을 다뤘다. 팀의 성과와 팀원의 협업을 이끌기 위해 어떻게 팀이라는 조직을 관리해야 할 것인가. 팀의 정체성은 물론, 팀의 소통 문화, 팀의 감정 습관 등에 대한 내용과 저성과자가 팀 내에 있을 때, 어떻게 모든 구성원을 이끌며 함께 나아갈지에 대한 실질적인 팁을 담았다. 3장은 팀원 관리에 관한 내용으로 현장에서 겪을 수 있는 다양한 상황별 행동 팁들을 나열해 보았다. 서로 다른 팀원의 다양성을 인정하고 팀장으로서 팀원의 성장을 위해 어떤 전략을 세워야 할지, 성장을 위해 유용한 성과 평가 방법은 어떠한 것이 있는지에 대해 논한다. 또한 팀원의 온보딩, 원온원(팀장과 팀원의 일대일 미팅), 회의 등 여러 상황에서 활용할 수 있는 행동 팁을 아주 세세하게 담아냈다.

이 책은 목차를 살펴보며 관심이 가는, 혹은 당장 필요한 부분을 먼저 읽어도 상관없다. 책상 위에 두고 그때그때 필요한 팁들을 찾아 읽기 쉽도록 구성했다. 이 책을 통해 지금 혹은 미래에 인정받는 팀장으로 거듭나기를 간절히 기원한다.

CONTENTS

머리말 **004**

1

팀장이란 어떤 사람인가

팀장은 비즈니스, 피플, 셀프를 관리하는 사람이다 ⋯⋯⋯⋯ 016

팀장의 일과 팀원의 일은 다르다 ⋯⋯⋯⋯ 020

일잘러가 꼭 좋은 팀장이 되는 것은 아니다 ⋯⋯⋯ 026

워커홀릭은 팀원들에게 부담이다 ⋯⋯⋯⋯ 031

직속 상사와 전략적인 관계를 맺어라 ⋯⋯⋯⋯ 038

조용한 퇴사, 나쁜 팀장이 만든다 ⋯⋯⋯⋯ 043

일하고 싶은 동기를 주거나, 일할 수 있는 능력을 키워주라 ⋯⋯ 048

인정이 참여를 이끈다 ⋯⋯⋯⋯⋯ 057

일을 잘 맡기기 위해 팀장이 해야 할 일 3가지 ⋯⋯⋯ 062

팀장의 피드백이 얼마나 중요한지 ⋯⋯⋯⋯ 070

팀장은 외로운 자리이다 ⋯⋯⋯⋯⋯ 077

팀장의 역량을 증명하라 ⋯⋯⋯⋯⋯ 081

2
팀장의 역할은 무엇인가

리더십은 구체적인 행동으로 표현되어야 한다 ┄┄┄┄┄ 088

팀의 정체성을 만들라 ┄┄┄┄┄ 097

팀의 감정도 습관이다 ┄┄┄┄┄ 103

더 큰 성과를 원한다면 팀으로 움직여라 ┄┄┄┄┄ 113

모든 팀원을 공평하게 대하라 ┄┄┄┄┄ 118

조직 내 모든 팀과 적극적으로 소통하라 ┄┄┄┄┄ 122

저성과자를 어떻게 관리할 것인가 ┄┄┄┄┄ 129

성과에 대한 책임은 팀에 있다 ┄┄┄┄┄ 144

팀장의 최우선 임무는 육성이다 ┄┄┄┄┄ 146

모든 관리의 기본은 소통이다 ┄┄┄┄┄ 153

비공식 네트워크를 활용하라 ┄┄┄┄┄ 159

3

팀장 리더십을 갖추기 위한 실질적인 조언

어떤 팀원과 일하게 할 것인가 ·············· 168

이직을 줄여주는 제도: 상사선택제와 ITM ·············· 182

실패하는 리더의 유형 ·············· 186

성과관리를 위한 전략: KPI와 OKR ·············· 192

할 일이 남았는데도 퇴근하는 팀원, 애플의 DRI를 활용하라 ·············· 202

DRI는 결국 권한위임이다 ·············· 207

신규 입사자들의 이탈을 막는 온보딩 ·············· 216

업무 몰입도를 높여주는 원온원 ·············· 229

생산성을 높여주는 슬기로운 회의 방법 ·············· 238

팀장은 팀원이 스스로 꿈을 구체화하도록 도와야 한다 ·············· 244

'대퇴사'를 넘어 '아름다운 퇴사'를 위해 ·············· 250

업무 역량 위에 커뮤니케이션 역량이 있다 ·············· 257

맺음말 266
주 268

팀장이란
어떤 사람인가

1

팀장은
비즈니스, 피플, 셀프를
관리하는 사람이다

팀장은 관리자이고 관리자의 역할은 '관리'이다.
즉 팀Business 관리, 팀원People 관리,
자기Self 관리를 하는 사람이다.

언젠가부터 많은 조직에서 직급을 없애는 분위기가 되었다. 보통은 사원에서 대리가 되고, 과장, 차장, 부장이 된다. 지인 중 한 명은 과장으로 승진하려는 순간, 조직에서 직급을 없애는 바람에 '과장' 소리를 한 번도 못 들어봤다는 푸념을 내게 했다. 그래서 내가 일부러 "김 과장"이라고 직급을 불러준 기억이 있다. 직급을 없애는 추세는 눈에 보이는 권위적인 문화를 조금이나마 유연하게 만들어보고자 하는 조직의 노력 중 하나다. 그러면서 다양한 호칭이 등장했다. 영어 이름을 부르기도 하고, '프로'라고 아예 직급 없이 모두에게 같은 호칭을 사용하기도 하고, 어느 대기업은 '프로페셔널 매니저Professional Manager'의 약자인 PM이라는 호칭을 사용하기도 한다. 이렇게 다양한 호칭과 직급 체계를 갖고 있지만, 사라지지 않는 직책이 딱 하나 있다. 바로 팀장이다.

직원이 한 명이라도 생기면 조직은 조직다운 모습을 갖춰간다. 그중 하나가 바로 팀 혹은 부서다. 조직의 규모에 따라서 가장 작은 단위를 팀이라 하고, 부서, 실, 본부 등으로 다양하게 칭한다. 회사의 특성이나 업무에 따라 다양한 조직으로 구성되지만, 모든 조직에 없어서는 안 될 존재가 바로 팀장이다.

친하게 지내는 B팀장은 일로 만난 사이지만, 성장하는 과정을 봐온 터라 동생 같은 느낌이다. 처음 만났을 때 B팀장은 한창 실무를 익혀 나가는 중이었다. 연차가 쌓이고 후배들이 하나둘 충원되면서 교육과정 개발을 위한 미팅 자리에서 나에게 새로운 후배들을 소개해 줬다. "박사님, 이번 개발은 이 친구랑 같이 진행하실 거예요. 젊은 세대답게 아이디어가 보통이 아니에요. 진행하시면서 혹시 어려운 일 있으시면 저에게 연락해 주시고요."

B가 선임, 책임을 지나 팀장이 되었지만, 나는 팀장의 역할을 인지하지 못한 채, 업무의 궁금한 점이나 어려운 일이 생기면 담당 실무자에게 연락하기보다 B팀장에게 직접 연락하곤 했다. 물론 그럴 때마다 이 친구는 열과 성을 다해 문제들을 해결해 줬다. 그런데 하루는 "박사님, 이제는 제가 그 업무를 직접 하지는 못

할 것 같아요"라고 하는 게 아닌가. '나와 소통하고 싶지 않다는 뜻인가?' 하고 오해가 생기려는 순간, 아차 싶으면서 '팀장은 팀원과 다른 일을 해야 한다'라는 원론적인 이야기가 떠올랐다.

팀장은 '관리자'이고 관리자의 역할은 '관리'이다. 팀장은 팀 관리, 팀원 관리뿐만 아니라, 자기 관리를 하는 사람이다. 이렇듯 역할의 정의가 중요하다. 배달의민족의 창업자 김봉진 의장은 창립 초기에 직원들에게 '좋은 회사'란 어떤 회사인지 물어보았다고 한다. 좋은 회사를 원했지만 무엇을 의미하는지 명확히 설명하기가 어려웠던 것이다. 좋은 회사가 무엇인지 정의를 내리고 이를 실천하기 위함이었을 것이다. 마찬가지로 팀장 리더십을 이야기하기에 앞서 팀장의 역할이 무엇인지 정의를 내리고, 좋은 팀장은 어떤 모습이어야 하는지 알아야 한다. 좋은 회사, 좋은 팀장, 좋은 팀원 등 정의를 명확하게 세우고 시작해야 한다. 단순히 '능력 있는 팀장' 같은 두루뭉술한 정의가 아니라, 조직에서 원하는 팀장의 모습이 무엇인지 조금 더 구체적이고 실천적인 정의여야 한다.

보통 뛰어난 실무자가 팀장이 되는 경우가 대부분이다. 따라서 그동안 쌓아온 성과를 바탕으로 본인의 과거 업무 패턴을 고수할 가능성이 높다. 특히 신임 팀장은 의욕이 앞설 뿐 아니라, 성과에 대한 조급함도 갖고 있기에 팀원일 때보다 더욱 열정을 다해 업무에 임하는 경우가 많다. 하지만 팀장의 본질적인 역할은 팀 관리, 팀원 관리, 자기 관리라는 사실을 기억하자.

팀장은 팀원들과의 소통을 통해 팀원 개개인의 역량과 욕구를 파악하고 팀원의 성장을 이끌어야 한다. 팀원의 성장은 팀과 조직의 성과로 연결되기 때문이다. 그러려면 무엇보다 팀장 본인의 리더십 가치관이 잘 정립되어 있어야 한다.

팀장 리더십은 마라톤에 비유할 수 있다. 마라톤을 잘하기 위해 마라톤 선수는 어떤 훈련을 할까? 이들은 실제 경기에서처럼 매일 42.195킬로미터를 달리지는 않는다. 그 대신 기초체력을 키우고, 심폐기능을 올리고, 약한 부위를 강화하는 등 다양한 노력을 할 것이다. 4년에 한 번 개최되는 올림픽을 위해 수많은 경기에 참가하고 길게는 수십 년을 훈련에 임했을 것이다. 지금 이 책을 읽고 있는 팀장 또는 예비 팀장들은 그 중간쯤에 와 있다고 생각하자. 이제는 더욱 심도 있는 훈련이 필요할 때이다.

TIP

팀장의 역할

1 **팀장은 팀을 관리하는 사람이다.**
   조직(팀), 팀원, 팀장 본인의 성과를 책임지는 사람이다.

2 **팀장은 팀원을 관리하는 사람이다.**
   팀원의 성장을 도모하고 팀원들의 협업을 이끄는 사람이다.

3 **팀장은 자기 자신을 관리하는 사람이다.**
   이상적인 영향력을 가진 리더십을 갖춘 사람이다.

팀장의 일과
팀원의 일은 다르다

팀장은 팀원일 때와 다른 일을 해야 한다.
팀의 정체성을 확립하고 팀과 팀원들의 성과를 위해
그들의 성장을 도와야 한다. 팀장은 팀장의 일을 해야 한다.

"여러분, 오늘 제가 굉장히 바빠요. 제안서 마감을 해야 합니다.
각자 알아서 업무 보고 퇴근하세요."

팀장의 입에서 늘 이런 말이 나온다고 생각해 보자. 어떤 느낌
이 드는가? 팀장 스스로 바쁜 업무로 인해 팀원들과 소통하지 못
한다고 엄포를 놓는 상황이라니, 팀장의 일에 대해 올바른 정의
를 내리지 못하는 팀장이라고 감히 말하고 싶다.

나는 다양한 조직에서 꽤 오랫동안 실무자로 일했다. 어느 외
국계 회사의 직원으로 근무했던 적도 있었고, 대학의 시간강사와

겸임교수로, 작은 컨설팅 펌의 컨설턴트로, 짬짬이 강의를 하는 프리랜서 강사로 일해 왔다. 그러다 어느 조직의 팀장을 맡게 될 기회가 생겼다. 그동안 팀장의 역할에 대해 배워 본 적이 없었지만, 다양한 실무 경험이 있다는 이유로 팀장으로 채용되었다. 실전의 경험 없이 팀장의 역할을 수행하게 된 것이다. 물론 책을 보고 논문을 읽으면서 이론적인 지식은 많이 쌓았는지 모른다. 이를 바탕으로 많은 사람들에게 팀장 리더십이라며 리더십의 통찰을 전달하곤 했다.

한번은 어느 조직에 리더십 교육을 간 적이 있었다. 그때 고객사의 리더가 나를 부르더니 이렇게 물었다. "리더의 경험이 얼마나 되나요?"

순간 뭐라고 답해야 할지 몰라 말문이 막혔다. 마치 '보험왕'이 영업 스킬을 강의하듯 리더로서 현장에서 쌓아온 노하우를 기대했던 모양인데, 안타깝게도 긱 워커gig worker(프리랜서 형태의 단기계약 근로자 혹은 N잡러) 시대를 살아가는 우리들은 꼭 경험만으로 해당 업무를 맡게 되지는 않는다. 당연한 말이지만, 내가 지식으로 알고 있던 이론과 팀장의 업무는 완전히 딴판이었다.

내게 팀장의 자리를 주었던 곳은 아주 작은 회사였다. 우리 팀은 달랑 나 한 명이었고, 새롭게 팀을 만들면서 나를 팀장의 자리에 앉힌 것이다. 팀장인 내게 직접 팀원을 뽑을 기회가 주어졌고, 몇 장의 이력서를 받아 면접을 진행했다. 나는 왠지 나와 잘 맞을 것 같고, 내가 하는 일에 도움을 줄 수 있을 만한 팀원 S를 채용했다. 팀원이 생겼지만 당시 팀장으로서 팀원 S에게 무엇을 어떻게 해 줘야 하는지 전혀 몰랐다. 그래서 하던 대로 업무를 계속 이어나갔고, 그저 팀원을 편하게 해 주면 되는 줄 알았다. "그냥 편하게 있어. 내가 필요할 때 말할게." 내가 했던 말을 돌이켜보니 참으로 부끄럽다.

팀장의 역할은 기존의 감독자, 부서장, 일반 관리자의 역할에서 팀 리더, 조정자, 멘토 및 코치로 역할이 점점 확대되고 있다. 즉, 단순히 지시하고 통제하는 전통적인 관리자의 역할을 넘어 구성원에게 도움과 자원을 제공하는 등 새로운 역할이 요구되고 있다.[1] 나는 지시나 통제도 할 줄 몰랐을 뿐 아니라 구성원을 어떻게 지원해 주어야 하는지 전혀 몰랐다. 그저 경력이 조금 더 많은 실무자였을 뿐이다.

지금이라면 원온원이라 불리는 일대일 면담을 통해 이 친구에 대해 더욱 깊이 있게 알아가려고 노력했을 것이다. 물론 당시에도 비슷한 노력을 하기는 했다. "남자 친구 있어?", "집이 어디야?", "형제는?" 그냥 아는 언니가 아는 동생에게 할 말이 없어서 묻는, 의미 없는 질문들이었다. 그때는 이런 질문이 팀원에 대한 관심의 표현이라고 생각했다. 다시 그때로 돌아간다면 개인적인 질문을 삼가고 다음과 같은 질문을 하고 싶다. '이 회사에서 하고 싶은 업무가 뭐야?', '지금까지 직장생활을 하면서 어떤 일이 가장 재미있었어?', '어떤 일이 힘들었어?', '오늘 나 미팅 나가는데, 같이 갈래?' '고객사와의 미팅은 이런 느낌이야', '고객이 뭘 원하는 거 같아?', '우리는 어떤 교육을 개발하면 될까?'

지금이라면 이 팀원의 비전을 물어보고 조금 더 계획적으로 업무에 대해 학습하고 성장할 수 있도록 도와줬을 텐데, 아쉬움이 남는다. S가 당시 팀장인 나를 어떻게 생각했을지, 그녀의 평가를 생각만 해도 무섭다. 팀장과 팀원, 단 두 명으로 구성된 팀이라 팀장이 실무를 어느 정도 할 수밖에 없었지만, 팀장의 업무는 팀원의 업무와 구별되어야 한다. 팀의 정체성을 확립하고, 팀의 성과에 대해 고민하고, 팀원이 성과를 낼 수 있게끔 도와주어야 한다. 팀장은 기존에 하던 실무의 양을 줄이고 한 차원 높은 의사결정에 집중하고, 팀원에게 새로운 경험과 성장의 기회를 만들어 주는 데 주력해야 한다. 팀장 리더십은 '감'으로 할 수 없다.

팀장이 자신이 해야 할 일이 무엇인지 알지 못하면 팀원들은 갈 길을 잃게 된다. 지인 중에 중간관리자로 있다가 팀장이 된 선배가 있다. 이 선배는 제안서, 다시 말해 노가다 귀신이었다. 본인이 워낙 능력이 있다 보니 팀원들의 도움이 전혀 필요하지 않았다. 시간이 갈수록 일은 많아졌고, 물리적인 시간은 한계에 다다랐다. 장표 100장을 만들어야 하는데, 팀원의 도움이 절실했다. 사실 '도움'이라는 표현도 적절치 않다. 팀 전체가 함께하는 업무인데, 선배가 워낙 뛰어난 실무자이다 보니 뭔가 복잡한 건 설명하기에 귀찮아서 그냥 혼자 죽 해 왔단다. 팀장 스스로 자신의 머릿속에 뭐가 있는지 모른 채 기계적으로 일하다 보니, 팀원들에게 일을 시키는 업무에서도 어려움을 겪었던 것이다. 팀원들의 업무라고 해 봐야 오타를 수정하거나, 이미 작성한 내용을 표로 만들어 주거나, PPT에 사용할 이미지를 찾는 정도였다. 팀원들은 각 업무를 조각조각 수행하는 정도였고, 팀원들끼리 협업하는 과정도 경험해 보지 못했다. 팀장이 너무 바빠 팀원들에게 신경을 써주지 못하는 사이에 팀워크에도 문제가 생겼다. 선배가 개인적으로 친한 한 명의 팀원하고만 소통하면서 팀원 간에 균열이 생긴 것이다.

엎친 데 덮친 격으로, 그룹의 위기로 팀이 해체되면서 선배의 팀원들은 그 어떤 팀에서도 원하지 않아 갈 곳이 없는 인력이 되었다. 팀장 밑에 있을 때 일을 제대로 배우지 못했을 뿐 아니라, 팀워크를 이뤄 업무를 수행하지 않다 보니 회사에서 팀원들에 대한 이미지가 그다지 좋지 못한 것이 그 이유였다. 팀원들의 좋은 점을 타 팀에 알리지 못한 탓도 있다. 이 결과의 원인은 모두 제 역할을 제대로 수행하지 못한 팀장에게 있었다.

팀장은 더 이상 현업의 실무자가 아니다. 훗날 기억에 남는 팀장이 되려면 조직과 팀, 그리고 팀원의 성과를 도모해야 한다. 팀워크는 물론 팀원 개인의 성장에도 힘써야 한다.

팀장의 정의

- 팀의 성과를 책임지는 사람이다.
- 팀원의 성장을 도모하는 사람이다.
- 팀원들의 협업을 이끄는 사람이다.
- 팀을 대표하여 타 팀과 거래하는 사람이다.
- 팀의 대변인이다.

일잘러가
꼭 좋은 팀장이 되는 것은
아니다

일을 잘하는 것과 사람을 관리하는 것은 별개의 기술이다.
일잘러가 팀장이 되면 일 욕심 때문에 늘 시간에 쫓기게 되고,
팀원들에게 제대로 된 리더십을 발휘하기 어려워진다.
이는 일잘러가 저지르기 쉬운 오류이다.

하나의 팀을 이끄는 사람을 팀장이라고 한다면, 과연 어떤 사람
이 한 팀을 이끌 수 있는 것일까? 사원에서 대리를 거쳐 과장이
되고, 차장을 지나 부장이 된다. 조직마다 다르겠지만, 적어도 차
장은 되어야 팀장이라는 직책을 맡는 것이 일반적이다. 그래서
간혹 '차장 팀장'이란 호칭도 있다. 차장이지만 능력을 인정받으
면 팀장이 될 수 있다. 일반적으로 역량이 뛰어나다고 인정받는
사람이 팀장이라는 직책을 맡게 된다.

　규모가 있는 조직이라면 많은 팀장들과 협업하면서 관찰을
통해 좋은 리더십이든, 나쁜 리더십이든 리더십을 학습하게 된

다. 하지만 작은 규모의 기업이나 스타트업의 경우 역량을 갖추지 못한 채 팀장이 되는 경우도 있고, 탁월한 실무 역량을 인정받아 20대 후반~30대 초반에 팀장이 되는 경우도 있다. 갑자기 규모가 성장하면서 팀장을 맡게 되거나 새로운 팀이 만들어지면서 팀장을 맡아야 하는 경우도 있다. 과연 업무 능력을 인정받아 팀장이 된 모두가 좋은 팀장이 될 수 있을까? 자리가 사람을 만든다는 말처럼, 팀장이라는 직책이 주어지면 팀장의 역할을 알아서 잘 수행할 수 있는 것일까?

팀장은 리더십 역량을 갖춰야 한다. 모두가 그런 것은 아니겠지만, 일잘러의 경우 자기 주도성이 강한 경우가 많다. 본인의 역량이 뛰어나니 그들의 팀장도 일을 믿고 맡겼을 가능성이 있고, 본인도 본인 방식을 고수하며 업무를 수행했을 가능성이 크다. 그러다 보니 협력과 의사소통 능력을 향상시킬 기회를 얻지 못했을 수 있다. 팀장으로서 관리 역량을 키울 기회를 얻거나 리더십에 대해 고민해 본 적은 더더욱 없었을 것이다.

일잘러가 팀장이 되었을 때 자칫 실수하기 쉬운 부분은 안하무인이 되는 것이다. 안하무인이란 방자하고 교만하여 다른 사람을 업신여긴다는 뜻의 사자성어이다. 또는 스타 선수가 스타 코치가 되지 못한다는 말이 있듯이, 상대의 상황이나 지식수준을 제대로 공감하지 못한 채 소통하게 되는 상황이 벌어진다. 이는 지식의 저주curse of knowledge 때문이다. 무언가를 잘 알게 되면,

이를 모르는 상태가 어떤 것인지 상상하기 어려워 오히려 문제가 발생하는 것이다. 팀을 관리하려면 협력, 의사소통 능력, 문제해결 능력, 다방면의 리더십, 그리고 관리 역량이 요구된다. 이는 모두 사람의 마음을 얻어야 가능하고 상대의 입장을 공감해야 가능하다.

무엇보다 일잘러가 좋은 팀장이 되지 못하는 가장 큰 원인은 능력 부족이 아니라, 개인의 일 욕심 때문이다. 일 욕심으로 열정이 앞서 실무자일 때보다 더욱 열심히 일하게 되는 것이다. 이러한 문제를 극복하고 리더십을 함양하기 위해 교육 체계가 잘 마련된 조직에서는 팀장 후보군 교육과 신임 팀장 교육을 대대적으로 실시한다. 대한민국 직장인의 약 85%가 중소기업에 재직 중이라는 통계가 있다. 그렇다 보니 대다수의 직장인이 팀장의 역할에 대해 학습하지 못한 채 그저 열심히 업무에 몰입하면 되는 줄로만 알고 있다.

한 대기업의 팀장 리더십 교육을 예로 들어 보겠다.[2] 29쪽의 표와 같이 총 3개의 세션으로 구성되어 있으며, 세션 1에서는 신임 팀장의 역할과 책임을 인식하고, 조기 정착과 조기 성과를 위한 팀장 온보딩 교육을 실시한다. 그리고 그룹 임원진의 직강으로 다양한 사례 중심 교육을 실시한다. 세션 2에서는 리더로서 존경받는 삶을 위해 자기 성찰과 리더십을 배우는 것을 목적으로 하며, 세션 3에서는 성과와 연결할 수 있는 리더십에 대해 다룬다.

팀장 교육 예시(세부 내용 재구성)

	세션 1	세션 2	세션 3
오전	팀장 온보딩 (환영 세션)	존경받는 팀장의 자기 관리 (셀프 리더십)	팀 성과를 위한 성과관리 기법 (KPI vs OKR)
오후	팀장의 역할과 책임	구성원의 다양성을 이해하는 다이버시티diversity 전략	• 전문코치에게 배우는 코칭 스킬 • 신규 온보딩 프로그램 • 원온원 방법 • 피드백 스킬
	임원 특강 사례로 풀어보는 팀장 리더십	**외부특강** 글로벌 기업 리더에게 배우는 리더십	**액션 플랜**Action Plan 나만의 리더십 매뉴얼 작성

교육은 팀장의 역할과 책임에 대해 인지하고, 선 경험을 한 선배 임원의 이야기를 들으며 리더십의 영감을 얻고, 존경받는 팀장으로서 자기 관리에 만전을 기할 수 있도록 구성된다. 팀원들의 협업을 이끌기 위해 다양한 구성원들에 대해 학습해야 하고, 해외 글로벌 사례도 벤치마킹 해 본다. 팀 성과관리를 위해 다양한 평가 툴을 다루고 전략을 도출할 수 있도록 해주는 이상적인 조합의 교육이다.

A라는 팀원이 100을 수행하고, B라는 팀원이 100을 수행한다면, 이때 팀장의 역할은 A와 B의 협업을 통해 200이 아닌, 250

의 성과를 내도록 돕는 것이다. 이것이 팀장의 능력이며 역할이다. 이는 일잘러의 역량과 다른 역량이다. 안하무인이 되어 팀에서 독자적으로 활약한다면 좋은 팀 성과를 이끌기 어렵다. 일잘러로 인정받아 팀장이 되었다면, 더 이상 당신은 개인이 아닌 집단, 즉 팀을 이끄는 사람임을 명확하게 인지해야 한다.

 TIP

일잘러가 꼭 좋은 팀장이 되는 것은 아니다.
다음과 같은 팀장이 되지 않도록 주의하자.

- 자신의 방식만 고수하는 안하무인 리더
- 공감력이 떨어져 지식의 저주를 불러오는 리더

워커홀릭은
팀원들에게 부담이다

워커홀릭은 절대 좋은 팀장이 될 수 없다.
자신의 업무에 매몰되어 있는 워커홀릭 팀장은 결국 자신은 물론
팀원들도 제대로 챙기지 못하는 빈틈만 생길 뿐이다.

나는 스스로 생각할 때 엄청난 워커홀릭이었다. 오해 없길 바란
다. 워커홀릭이 꼭 능력자를 의미하는 것은 아니다. 그냥 일을 좋
아하고, 별다른 취미가 없고, 술을 먹거나 친구를 만나는 일도 그
다지 즐기지 않아서 상대적으로 일을 많이 한다. 스스로 워커홀릭
이라 생각하지만 성과는 장담하지 못한다. 사회 초년생일 때부터
나는 점심을 거를 때가 많았다. 그 이유는 점심시간 1시간을 조금
더 효율적으로 보내고 싶어서였다. 그 시간에 대단한 업무를 하
지 않더라도 책이라도 읽어야 한다는 강박이 있었다. 이후 다른

직장에서도 내 행동 패턴은 늘 비슷했다. 점심 메뉴는 최대한 가까운 식당에서 빨리 해결할 수 있는 것으로 선택하곤 했다. 점심시간 중 단 30분만이라도 나의 시간으로 활용하기 위해서였다.

사회생활을 오래 해 보니, 나와 비슷한 사람들이 꽤 있음을 알게 되었다. 나보다 윗세대 임원이나 경영자들은 사실상 대부분 그렇다고 해도 과언이 아니다. 마치 일에 미쳐 사는 모습을 미덕인 양 이야기하고, 바빠야 능력 있는 사람으로 대우했던 것 같기도 하다.

하루는 식사를 급히 마치고 업무를 보고 있는데, 옆 팀 팀원이 내게 말을 건넸다. "점심시간에 일하지 마세요." 무슨 의미일지 곰곰이 생각해 본 결과, 팀장이 열심히 일하는 모습은 모범이 되기보다 오히려 스트레스로 작용할지 모른다는 생각이 들었다. 당시에 나는 팀원들에게 일을 강요하지 않았다. 다만 내 업무를 처리했을 뿐이다. 하지만 이런 모습이 팀원들에게 무언의 압박처럼 느껴졌을지도 모른다. 마치 워라밸 붐이 불었을 때 상사가 "여러분 먼저 퇴근하세요" 하고 본인은 보란 듯이 야근하는 모습처럼 말이다.

워커홀릭 리더에 대한 한 사례가 있다. 누구나 다 아는 대기업 OO그룹의 A부장은 여성 팀장으로 자타가 공인하는 워커홀릭이다. 탁월한 능력이 있고, 조직에서 전략적으로 키워주는 여성 팀장이다. 그러면서도 자녀를 아주 살뜰하게 챙기는 모습은 멘토로 삼기에 충분했다. 내가 아는 부분은 여기까지다. 그런데 어느 날 A부장 팀의 팀원으로부터 A부장의 이야기를 듣게 되었다. 그 팀원은 1년 내내 A부장이 휴가를 가는 걸 본 적이 없다고 했다. 여름휴가는 물론이고 월차, 연차를 쓰는 것도 본 적이 없단다. 요즘에는 직원들의 워라밸이나 건강상의 이슈가 발생하면 안 되니 조직 내에서 휴가 사용을 권장한다. A부장도 공식적으로는 휴가를 내지만, 휴가일에 어김없이 사무실로 출근해 이렇게 말한다는 것이다. "여러분, 우리 집에서는 내가 오늘 휴가인 거 모릅니다. 저 그냥 조용히 업무 볼게요." 일과 삶의 균형을 잘 지키는 것이 여성 상사가 존경받는 이유 중 하나라고 생각했다. 그런데 아이들에게는 엄마가 휴가라는 게 비밀이라니.

특히나 여성 팀원은 여성 팀장에게 '같은 여자로서 나를 이해해 주시겠지?' 하는 기대를 하기도 한다. 그런데 오산이었다. A부장은 만삭의 팀원에게 고래고래 소리를 지르는가 하면, 여성이 조직에서 남성을 넘어서려면 남성보다 더욱 열심히 해야 한다는 강박에 팀원들을 무척이나 힘들게 하고 있었다. 요즘은 문화가 많이 달라져서 대체로 야근이나 주말 근무를 하지 않는 분위기이다. 하지만 그 팀장은 여전히 야근에 주말 근무까지 하며 자신의 일과를 팀 단톡방에 올렸다. 본인이 시간개념 없이 열심히 일하니, 팀원들도 당연히 그럴 것으로 생각하는지 점심시간, 퇴근

후, 주말 할 것 없이 업무 연락을 해왔다. 개인 시간이 없으니 운동 부족으로 체력이 약해지고 인간관계도 소홀해질 수밖에 없었을 것이다. 결국 뇌출혈로 쓰러지셨다는 소식을 들었다. 다행히 회복이 잘 되어 현재는 복직한 상태이나 임원 케이스였던 차에 이런 일을 겪게 돼 팀장이 공석이 되자 조직에서는 바로 다른 인력으로 충원을 했다. 이를 보면서 조직원들은 허탈감을 느꼈다고 한다.

이런 워커홀릭 팀장에게는 크게 두 가지 문제가 발생한다. 바로 팀원 관리, 그리고 자기 관리의 문제이다. 워커홀릭 팀장은 점심시간마저도 업무를 보느라 바빠서 직원들과 식사 한 끼를 함께하지 못한다. 일에 푹 빠져 있는 사이에 팀원들과의 관계 형성에 문제가 생길지 모르고, 또 본인의 육체적·정신적 건강에도 문제가 생길 수 있다. 이는 바로 성과와 직결될 수밖에 없다. 팀장은 팀의 성과는 물론 팀원과 자기 자신도 관리해야 한다.

물론 점심을 팀원들과 함께 먹어야 업무가 원활하게 진행된다는 생각은 시대착오적인 발상일지 모른다. 지인 중에 미국 시애틀에 위치한 아마존에서 직장생활을 하는 한국인이 있다. 이 친구는 아마존에서 12년 동안 근무하면서 동료들과 함께 밥을 먹어본 기억이 없다고 했다. 동료와 밥 한번 같이 안 먹어도 아마존은 잘 돌아간다는 것이다. 뉴욕 로펌에서 변호사로 일하는 후배도 이와 비슷한 이야기를 했다. 동료와 함께 밥을 먹은 기억이 손에 꼽힌다는 것이다. 그렇지만 내가 점심시간에 밥 먹는 시간까지 아껴 일을 했다는 건 단순히 팀원들과 같이 밥을 먹고 안 먹고의 문제를 말하는 것이 아니다. 나의 업무 패턴이 사람들과 협업을 이루기에 적합하지 않은 모양새였다는 뜻이다. 두 후배는 비록 팀원들과 밥을 같이 먹지는 않았지만, 원온원 등 팀원들과 협업할 수 있는 다양한 장치들이 존재했다.

팬데믹으로 많은 기업이 하이브리드^{hybrid} 근무(온오프라인 근무를 병행하며 장소에 구애받지 않는 유연한 업무 수행 방식)를 도입하게 됐다. 하지만 조직 차원에서 팀장에게는 오프라인 근무를 하도록 권장하는 경우가 많다. 식품회사 B그룹의 K팀장은 출퇴근 시간을 아끼고자 재택근무를 선호한다. 그 시간마저도 일을 하고자 하는 것이다. 일에 대한 열정은 대단하나, 이로 인해 팀원들과의 관계가 소원해지면서 큰 문제가 발생하게 된다. 팀원 중 한 명이 왕따를 당하고 있었는데, 이 사실을 전혀 몰랐던 것이다. 최근에는 다양한 디지털 툴들이 개발되어 직원들의 업무 진척도를 한눈에 볼 수 있다. K팀장은 팀원의 성과는 체크했지만, 팀워크를 위한 그 어떤 관심도 기울이지 않았던 것이다.

사람 관리가 되지 않아 팀원들이 고생하는 사례는 또 있다. 팀원들에게 신임을 얻지도 못한 상태에서 본인이 해결할 수도 없는 일들을 윗선에서 마구잡이로 받아오는 팀장은 참으로 대책 없는 팀장으로 비친다. 물론 일을 잘하는 팀장은 참 좋다. 능력이 없는 팀장보다 능력 있고 일에 대한 열정도 있는 팀장이 당연히 좋다. 하지만 그 일을 혼자 처리하지도 못하면서 워커홀릭 성향상 거절하지 못하고 모두 받아와 일을 벌여 놓는 팀장이라면 함께 일하고 싶은 동료는 없을 것이다.

혹여나 워커홀릭 리더가 휴식까지 반납한 채 일에 몰입한다면, 그 문제는 더 커진다. 워싱턴대학교 크리스토퍼 반스Christopher Barnes는 경영학과 교수이자 잠을 연구하는 연구자이다. 경영학 교수가 잠을 연구하는 이유는 무엇일까? 연구에 따르면, 수면 부족은 도덕적 의사결정에 부정적 영향을 주며, 이는 교통사고 등 안전사고에 직접적인 영향을 미친다. 그뿐만 아니라 수면 부족으로 적절한 휴식을 취하지 못하는 관리자는 직원들을 더 혹독하고 비인간적으로 대하는 것으로 나타났다.[3]

워커홀릭 리더는 자기 관리가 되지 않아 팀원들을 더 가혹하게 대할 수 있다는 사실을 기억해야 한다. 자기 관리도 하지 못하는 사람이 어찌 다른 사람을 관리한다는 말인가.

TIP

워커홀릭 팀장이 놓치기 쉬운 문제

1   팀원 관리의 문제점

일에만 몰두하느라 팀원들의 불협화음을 눈치채지 못하거나 협업을 끌어내지 못하는 오류를 범하면 결국 팀 성과에 큰 피해를 주게 된다.

2   자기 관리의 문제점

팀장의 자기관리는 팀 관리와 직결된다. 자기 관리도 안 되는 사람이 팀을 관리한다는 것은 어불성설이다. 일과 삶의 균형을 잘 지키면 선순환이 되어 팀 관리에도 긍정적인 영향을 미친다.

직속 상사와
전략적인 관계를
맺어라

팀장의 머릿속에는 자신의 성과와 상사에 대한 생각으로 가득 차 있다.
하지만 팀원들에게 이를 들키면 안 된다. 상사와 전략적인 관계를 맺어
팀의 시너지를 극대화하자.

여럿이 함께 찍은 사진을 볼 때, 내 눈에는 오직 나만 보인다. 같이 사진을 찍은 지인이 "제 얼굴 너무 크게 나왔어요?"라고 하면 "아니야, 괜찮아"라고 하며 사진 속 지인의 모습을 보지도 않는다. 나만 그럴까? 우리 모두가 그렇다. 나르시시스트가 아니더라도 누구나 본인에게 가장 관심이 많고, 다른 사람 역시 타인에게 관심이 없다.

그렇다면 팀장은 누구에게 관심이 가장 많을까? 예뻐하는 팀원? 일을 잘하는 팀원? 외국어 능력이 탁월한 팀원? 모두 아니

다. 팀장은 '자신'에게 가장 관심이 많다. 그렇다면 팀장은 무슨 생각을 가장 많이 할까? 어떻게 하면 팀을 잘 꾸려 갈까? 어떻게 하면 팀원을 잘 육성시킬까? 어떻게 하면 성과를 낼까? 모두 맞는 내용이기도 하고 틀린 내용이기도 하다.

팀장이 되고 나서 사람들이 가장 많이 고민하는 부분은 아마도 '팀을 어떻게 꾸려 나갈 것인가?'일 것이다. 그런데 이 생각은 어디에서 비롯된 것일까? 팀의 성과와 팀원의 발전을 위한 고민이라기보다는 대부분 상사에게 잘 보이기 위해서인 경우가 많다. 열정적인 모습 역시 팀을 위한 것이기라기보다는 상사에게 인정받기 위함일 것이다. 모두가 내 앞가림하기에 바쁘다. 이 책을 읽고 있는 당신도 솔직한 자신의 마음을 잘 헤아려 보자. 팀원의 육성보다 나의 성과와 상사에 대해 더 많이 생각할 것이다. 그런데 문제는 이러한 모습이 팀원들에게 그대로 드러난다는 것이다.

많은 글로벌 기업은 실무자 트랙과 관리자 트랙이 나뉘어져 있다. 국내 몇몇 기업에서도 이를 도입한 것으로 알고 있다. 학교 현장에서도 교장, 교감과 같은 관리자 트랙이 있고, 수석 교사와 같은 실무자 트랙이 있다. 어느 한쪽이 높고 낮음을 말하려는 것이 아니다. 능력이 있고 없고의 의미가 아니라 서로 다른 역량이 요구된다는 의미다. 팀장은 관리자 트랙에 해당한다. 머릿속으로 본인만 생각하고 본인의 상사만 생각하는 팀장은, 미안하지만 팀장이 되어서는 안 된다. 이런 사람은 관리자의 역량이 없다고 봐야 한다.

최근에 지인이 다니는 회사에 경력직으로 팀장이 입사했다고 한다. 이 팀장은 규정과 원칙을 앞세워 매우 타이트하게 팀을 관리했다. 업무 성과는 물론 근태부터 잠시 자리를 비우는 일까지, 모든 부분에서 철두철미했다. 문제는 철저함이 지나쳐 비난과 질책으로 이어지는 일이 점점 많아졌다고 한다. 그런데 어느 날 함께 지방에 출장을 갔다가 낯선 광경을 보게 된다. 팀장이 지방 사무소에 있는 직원들과 일일이 포옹하며 인사를 나누더라는 것이다. 평소 같았으면 냉정하고 차가운 상사여야 하는데, 너무나도 다정한 말투로 고생한다며 하나하나 포옹했다는 것이다. 그날 서울 본사 임원과 함께한 회식 자리에서 팀장이 임원 옆자리에 딱 붙어서 뷔페 음식을 종류별로 세팅까지 하는 모습에 '원래 저런 분이었나?' 하며 너무 놀랐다고 한다.

이 팀장은 상사가 있을 때만 순한 양이 되거나 오히려 쩔쩔매는 듯한 태도를 보였다. 팀원들에게 대하는 태도와 상사에게 대하는 태도가 180도 다르다는 건 큰 문제다. 그런 팀장을 보면 팀원들이 누구를 믿고 일하겠는가. 팀원들은 본인의 성과를 제대로 인정받을 수 있을지 의구심이 들 것이다. 팀원들에게 철저했던 팀장이 임원 앞에선 상반된 모습이라니, 임원들에게 팀원의 노고를 인정해 줄지 의심스럽지 않겠는가.

팀장은 사적인 공간이든 공적인 공간이든, 임원의 눈치를 보지 않고 일관성 있게 행동해야 한다. 그러면 팀원들에게 철두철미한 태도도 기준이 정확한 모습으로 여겨지고 더욱 신뢰가 갈 것이다. 설사 머릿속에는 본인의 성과와 임원 생각으로 가득 차 있다고 할지라도 그 속마음을 팀원들에게 들키지 않아야 한다. 그러기 위해서 팀장은 팀원들의 기여를 임원이 알도록 적극적으로 어필해야 한다. 그러면 팀원들은 팀장의 철저함도 결국 팀의 성과를 위해서라고 생각하게 될 것이다.

한 가지 팁이 더 있다. 팀장은 상사와의 관계에서 주도적으로 움직여야 한다. 상사에게 지시를 받아 팀원에게 지시를 내리는 상명하복의 관계에서 벗어나 팀 내에서 이루어지고 있는 업무 상황을 자주 소통하고 건설적인 피드백을 적극적으로 요청하라. 팀장은 팀의 업무에 있어서 최고의 전문가이므로 자신의 상사를 전략적 파트너로 생각해야 한다. "상무님, 우리 팀원 중 한 명이 아주 좋은 아이디어를 냈습니다. 추진해 보면 어떨까 합니다.", "상무님, 이런 문제가 발생했는데요. 빠른 의사결정을 통해 해결해야 할 것 같습니다, 진행할까요?" 이처럼 자신과 자신의 팀, 그리고 팀원을 적극적으로 어필할 방법을 찾고, 상사가 일을 원활하게 수행하는 데 필요한 것이 무엇인지 주도적으로 탐색할 줄 알아야 한다.

팀원이 나의 팀을 위해 일하기를 바라듯, 팀장도 상사와 조직을 위해 일하는 건 당연지사이다. 상사에게 인정받는 팀이 되려면 팀장은 팀원과의 관계뿐만 아니라 상사와의 관계도 성공적으로 관리해야 한다. 그 모습이 자연스럽게 팀원들에게 비쳐진다는 사실을 기억하라.

TIP

상사와 팀원 사이에서 전략적인 관계를 맺는 기술

- 팀장은 상사에게 잘 보이기 위해 일하는 것이 아니다. 공동의 목표를 위해 팀원과 함께 팀 성과를 이끌어야 한다. 팀장이 개인의 성과가 아닌 공동의 목표를 우선시해야 팀원들도 팀과 팀장을 위해 최선을 다할 것이다. 팀원의 롤모델이 되어 앞으로 나아갈 방향을 제시해 주어야 한다.
- 팀장은 상사와의 관계에서 주도적으로 움직여야 한다. 일관성 있게 행동하고, 문제 해결에 있어서 상사를 설득할 수 있어야 한다. 팀장의 주도적인 모습에 팀원들도 더욱 동기부여를 받게 된다.
- 팀원의 기여를 의사결정권자가 알도록 윗선에 적극적으로 어필하자.

조용한 퇴사,
나쁜 팀장이 만든다

팀장은 팀원과 긍정적인 관계를 구축해야 한다.
다시 말해 팀원들이 따르고 싶고 신뢰하는 팀장이 되어야 한다.
팀원들은 사람을 보고 회사를 떠나기 때문이다.

'조용한 퇴사Quiet Quitting'라는 용어에 대해 잘 알 것이다. 2022년 7월 영상플랫폼 틱톡에 영상 하나가 올라왔다. '조용한 퇴사'라는 제목의 영상이었다. "당신의 일이 당신의 삶은 아니다.Your work is NOT your life."라는 글귀와 함께 지하철역에 지친 모습으로 앉아 있는 한 남자의 모습이었다. 이 영상은 올라 온 지 한 달 만에 거의 500만 회에 가까운 조회수를 기록했다. 당시 유명 인플루언서들과 수많은 미디어에서 이 영상에 대해 계속해서 언급했고, MZ세대 직장인들의 폭발적인 공감을 받으며 하나의 현상으로 자리 잡았다.

영상 속의 이 남성은 미국 소프트웨어 개발자이자 뮤지션으로 활동하고 있는 24세 남성으로, 당시 한 인터뷰에서 "아무리 많은 일을 해도 내가 기대하는 만큼 보상을 받지 못할 거라는 사실을 깨달았다. 많은 기업에서 개인의 과로나 번아웃을 생산성 뒤로 두고 있다"라고 지적했다.

《워싱턴 포스트》에서는 이러한 현상을 MZ세대나 잘파세대(Z세대와 알파세대를 합친 신조어) 직장인들이 "직장에서의 규칙을 새로 쓰고 싶어 하는" 것으로 분석한다. 〈하버드 비즈니스 리뷰〉에 실린 한 연구에 의하면 조용한 퇴사는 직원의 업무 의욕과 역량 때문이라기보다는 관리자가 직원과의 관계를 제대로 구축하지 못한 영향이 큰 것으로 나타났다.[4] 2020년부터 여러 기업의 관리자 1,801명과 그 직속 팀원 13만 48명을 대상으로 데이터를 수집해 분석했다. 이 조사에서는 상급자가 목표 달성과 직원에 대한 배려 사이에서 적절한 균형을 유지하는지, 그리고 재직 중인 회사가 적극적으로 일하고 싶은 마음이 생기는 곳인지, 이에 대한 하급자의 평가를 분석했다.

분석 결과, 직원과의 관계 구축이 미흡한 상급자의 팀에서 조용한 퇴사자의 비율이 높았으며, 적극적으로 일할 의향은 낮은 것으로 나타났다. 상급자와 관계 구축을 팀원이 평가했을 때 상위 10%에서는 조용한 퇴사자가 3%인 반면에, 하위 10%에서는

상사 평가 백분위	조용한 퇴사	중간	더 적극적으로 일할 의향
90~100	-3	35	62
80~89	4	35	52
70~79	2	35	43
60~69	3	54	43
50~59	4	62	34
40~49	5	61	34
30~39	4	63	33
20~29	5	68	27
10~19	6	71	23
1~9	14	67	20

* 주의: 반올림 방식을 적용했기에 합계가 100이 나오지 않을 수 있음.
  더 자세한 정보는 〈하버드 비즈니스 리뷰〉 데이터&비주얼 링크 참고

출처: Jack Zenger, Joseph Folkman, 〈나쁜 관리자가 조용한 퇴사자를 만든다〉, HBR 2023, 1-2.

조용한 퇴사자 비율이 14%로 나타났다. 더 적극적으로 일할 의욕은 상위 10%에서는 62%인데 비해, 하위 10%에서는 20%로 나타났다. 팀원이 상사와의 관계를 어떻게 평가하는지에 따라 그 결과가 극명하게 달랐다.

팀 내에 조용한 퇴사자가 있다거나 혹은 최소한의 근무 시간을 보내며 적당한 거리두기를 하는 팀원이 있을 때, 팀장은 어떻

게 해야 할까? 위에서 제시한 연구 결과에 의하면 팀장과 팀원의 신뢰를 바탕으로 한 관계 구축이 시급하다고 강조한다.

많은 연구에서 밝혀진 바에 따르면 '신뢰'를 쌓으려면 다음의 3가지 요소가 충족되어야 한다.

첫째, 팀장과 팀원의 관계가 좋아야 한다. 상사를 신뢰하는 팀원들은 상사가 자신에게 관심을 가지고 신경 써준다고 생각했다. 둘째, 일관성이 있어야 한다. 계속해서 일관된 태도를 유지하고 약속을 꼭 지켜야 한다. 셋째, 전문 역량을 지녀야 한다. 자신의 의견이나 조언을 팀원들이 잘 따르도록 하려면 팀장은 해당 영역에서 전문가여야 한다. 나는 과연 이 3가지 요소에 부합하는 사람인지 스스로 생각해 보자.

펜실베니아대학교 와튼스쿨의 조직심리학 교수인 애덤 그랜트Adam Grant는 미리 팀원들과 면담을 진행해 이직을 유발하는 원인을 사전에 파악해야 한다고 강조한다. 그리고 팀원들의 피드백을 받은 이후에는 기존의 업무수행 방식을 되돌아보라고 조언한다. 팀원들과 아이디어를 공유하며 기업 입장에서 최선이라고 생각했던 업무수행 방식이 현시점에도 적합한지에 대해 검토해 보라는 것이다.[5]

팀원의 입장에서도 퇴사를 신중히 고려해야 한다. 미국 노스캐롤라이나 애슈빌에서 생산성 전문가로 활동하는 타냐 돌턴Tanya Dalton은 "그저 포기하고 조용히 그만두겠다고 결심하면 성공

할 기회를 놓치게 된다. 수동적으로 조용히 그만두는 것보다는 자신의 커리어에 조금 더 능동적인 접근을 하는 것이 더 낫다"고 조언한다.[6]

TIP

팀원들의 신뢰를 얻는 법

1 팀원과 긍정적인 관계를 유지하라

긍정적인 관계란 성과관리와 사람관리 사이의 균형을 의미한다. 성과만을 강조하다 보면 자칫 사람을 잃게 된다. 그렇다고 팀원관리에만 힘을 쓰면 정에 이끌려 객관적인 업무 지시나 평가가 어려워진다. 어느 한쪽으로 치우침이 없어야 한다.

2 일관성 있는 태도를 유지하라

팀장은 명확한 기준을 마련하고 팀원들과 이를 공유해야 한다. 그리고 이 기준을 일관성 있게 유지하도록 노력하자. 이 과정에서 신뢰가 형성된다. 신뢰를 쌓으려면 꽤 오랜 시간이 필요함도 기억하라.

3 업무 전문성을 키워라

일잘러가 꼭 팀장이 되는 건 아니다. 하지만 저성과자가 팀장이 되지는 못한다. 배울 게 없는 팀장과 협업하고자 하는 Z세대 팀원은 없다. 팀원들에게 모범이 될 역량을 갖추기 위해 노력해야 한다.

일하고 싶은 동기를 주거나, 일할 수 있는 능력을 키워주라

팀장의 역할은 팀원들의 동기와 역량을 끌어내는 것이다.
능력이 향상되면 일하고 싶은 의욕도 자연스레 커진다.

팀장은 팀원들이 일을 할 수 있도록 도와주어야 한다. 즉 일하고 싶은 동기를 부여해 주거나, 일할 수 있도록 능력을 키워주어야 한다. 아무리 탁월한 능력이 있다고 해도 본인이 일하고자 하는 의지가 없다면 의미가 없다. 하고 싶은 마음은 있지만, 능력이 부족해 못하는 팀원은 또 어떻게 해야 할까?

교육학을 전공하면서 행동을 수정하기 위한 다양한 모델들을 다뤄왔다. 가장 널리 활용되는 방법은 다음의 3단계다. 1단계, 잘못된 행동을 알려준다. 2단계, 잘못된 행동을 계속했을 때의 부정적인 결과에 대해서 알려준다. 3단계, 바람직한 행동을 알려준다.

과거 나의 팀장님도 늘 이 3단계를 사용해 말씀하셨다.

- 1단계, "이민영 씨 오늘 회의에서 그런 행동은 옳지 않아요."
- 2단계, "계속 그런 식으로 행동하면 직장생활 하기 힘들어져요."
- 3단계, "내가 원하는 OO으로 행동하세요."

언뜻 보면 참 합리적이고 이성적인 말하기 기법처럼 느껴진다. 그런데 이 3단계 모델로 말한 결과 내가 달라졌을까? 이건 이론적인 모델일 뿐, 나는 달라지지 않았다. 여기에는 3가지 이유가 있다. 첫 번째 이유는 인간은 변화를 싫어하기 때문이다. DNA 정보가 그렇게 진화되어 왔다. 인간의 생존에 있어서 변화란 위기를 의미하므로 변화를 불편해한다. 두 번째 이유는 자율성을 침해받기 싫어하는 게 인간의 본성이기 때문이다. 마지막한 가지 이유를 더 찾는다면, 바로 팀장과 팀원의 관계 때문이다.

MBA가 뭔지도 몰랐던 시절, 첫 직장에서 MBA를 마치고 돌아온 J팀장님에게 모두가 굽실거리는 사내 분위기가 이해되지 않았다. 분명 나에게도 부족한 점이 있었겠지만, 당시 나는 너무 어린 사회 초년생이었는데 팀장님은 늘 나에게 지적만 했던 기억이 난다. 모든 행동에 규칙을 정해주니 숨이 막힐 정도였다. 게다가 J팀장님은 본인이 유학 중일 때 내가 채용된 것을 마음에 안들어 하는 눈치였다. 이런 이유로 나 또한 J팀장이 싫었다. 3단계를 활용해 말하는 팀장이었지만, 우호적이지 않은 관계에서 하는 말은 나의 행동에 변화를 줄 수 없었다.

잘파세대가 본격적으로 조직 내에 들어오면 이들도 나의 올챙이 시절과 같은 미숙한 사회 초년생 시기를 겪기 마련이다. 팀장은 이들이 미숙한 사회 초년생이라는 것을 이해해야 한다. 생물학자가 연구한 바에 따르면, 보호자가 오랜 기간 양육한 종의 경우 지능이 높다고 한다. 바로 인간이 그 대표적인 예다. 마치 부모가 자식을 키워내듯, 팀원도 업무 역량을 기르기 위해서는 오랜 기간 육성이 필요하다는 것을 알아야 한다.

그렇다면 팀원들은 언제 일하고 싶은 마음이 생길까? 바로 성장을 경험할 때이다. MZ세대 1,776명을 대상으로 한 조사에서 직업을 통해 이루고 싶은 것이 무엇이냐는 질문에 "나의 발전"이라는 답이 1위를 차지했다.[7] 그렇다면 동기를 부여하는 방법과 능력을 키워주는 방법은 사실 일맥상통한다. 능력을 키워 성장하면 일하고 싶은 마음이 저절로 생기게 되는 이치다.

팀원들이 발전할 수 있도록 도우려면 어떻게 해야 할까? 물론, 맨땅에 헤딩하듯 혼자서 업무를 처리하다가 문득 '유레카'를 외치며 스스로 깨달음의 경지에 이를 수도 있다. 스스로 깨닫는 것도 가능하지만, 팀장의 도움이 있다면 단기간에 빠르게 성장할 수 있다. 팀장은 팀원이 '발전'을 경험할 수 있는 장치를 마련해야 한다. 이와 관련해서 조금 과학적인 이야기를 해 보겠다.

팀원들에게 동기부여를 하려면 말로만 '파이팅'을 외치며 응원하는 게 아니라, 작은 목표부터 설정하고 성취감을 경험할 수 있게 해줘야 한다. 인간은 주어진 목표를 달성하고 성취감을 느낄 때 뇌에서 도파민이라는 호르몬이 나온다. 뇌에서 도파민이 활성화되면 그 순간 행복감을 느끼게 된다. 그래서 도파민을 행복 호르몬이라고도 한다. 이 도파민은 습관과 관련된 호르몬이기도 하다. 어떤 행동을 한 후 보상을 받으면 다음에도 같은 행동을 하기에 앞서 도파민이 분비되어 그 행동을 계속하게끔 만든다. 결국 그 행동은 습관이 되고, 이 과정에서 역량은 자연히 키워진다.

팀원이 성취감을 느낄 수 있게 하려면 팀장에게는 다음과 같은 구체적인 행동들이 요구된다. 먼저 원온원을 통해 팀원의 비전을 계속해서 물어보자. 궁극적으로 무엇을 원하는지, 어떤 사람이 되길 바라는지, 이 팀에서 어떤 모습이길 기대하는지 등 말이다. 팀원의 비전을 잘 듣고 비전을 이루는 데 도움이 되는 업무를 알아본다. 원온원을 정기적으로 진행해 팀원과의 신뢰를 쌓는다. 그다음 작은 목표를 설정해 주고, 과정을 점검한다. 목표 달성 후에는 달성에 대한 축하와 함께 또 다른 목표를 설정해 준다.

또한 업무 과정에서 적절한 피드백을 해준다. 피드백을 할 때는 객관적이어야 하며 감정은 배제해야 한다. 팀원의 비전을 이루기 위한 육성 계획을 함께 도출한다. 이처럼 동기를 부여하고 역량을 향상시키려면 한 가지 장치가 아닌, 다양한 장치가 필요하다.

팀워크를 연구하는 마크 모텐슨Mark Mortensen 교수 팀은 인재 전쟁에서 승리하는 방법에 대해 다음의 4가지를 제안한다.[8] 물질적 제공, 발전 및 성장 기회, 연결 및 커뮤니티, 의미와 목적이다.

1. 물질적 제공

물질적 제공으로 가장 대표적인 방법은 연봉을 올려주는 것이다. 가장 쉬운 방법이며 긍정적인 반응이 즉각적으로 나타나지만, 경쟁업체가 모방하기 쉽고 그 효과가 오래 가지 못함은 이미 밝혀진 사실이다. 이와 같은 경험만 해 본 팀원이라면 더 높은 연봉을 제시하는 회사가 있다면 금방 이직할 것이다. 이 밖에 물질적 제공으로는 사무 공간, 근무 위치, 출퇴근 지원금, 업무 장비, 유연한 일정, 하이브리드 근무, 다양한 복리후생 등이 있다.

가까운 지인 중 한 명은 한 외국계 기업의 HR 담당 임원이다. 최근 규모가 커짐에 따라 사무 공간을 서울타워가 보이는 전망 좋은 곳으로 이전했는데, 인테리어 작업을 HR 담당 임원이 직접 맡았다. 그는 오브제 하나를 선정하는 데에도 심혈을 기울였다. HR 임원이 사무실 인테리어 작업을 직접 한다는 이야기에 의아

할 수 있다. 하지만 사무공간은 직원들의 몰입을 이끌기에 충분히 가치 있는 장치이다. 일례로 '명품 의자 복지'라는 기사를 접해본 적이 있을 것이다. 글로벌 기업에서 사용하는 200만 원대 사무용 의자가 화제가 되면서 명품 의자가 복지의 상징으로 떠올랐다. 한 국내 기업에서는 주 3회 재택근무를 장려하면서 직원들의 집으로 명품 의자를 배송해 주기도 했다. 생산성을 높여주는 사무 공간을 조성하는 것에서 한발 더 나아가 일하는 장소의 제약을 없애고, 업무에 몰입할 수 있는 환경을 스스로 선택하게끔 자율성을 주는 것이다.

2. 발전과 성장의 기회 제공

발전과 성장의 기회는 직원들의 동기부여에 큰 영향을 준다. 미 여론조사기관 갤럽에서 조사한 바에 따르면, 미국 노동자의 48%가 더 나은 업스킬링upskilling(지금 하고 있는 일을 더욱 고도화하고 숙련하는 과정) 기회를 구하려고 퇴사를 한다. 더 이상 자신이 몸담은 조직에서 배울 게 없다고 느낄 때 우리는 퇴사를 고민하게 된다. 나 역시 첫 직장에서 같은 이유로 퇴사를 결심했다. 일다운 일이 주어지지 않았고, 회의에 참석하고 싶었으나 그 기회 또한 나에게는 제한적이었다. 외국계 기업이었지만 당시의 시대 상황상 여성이 승진하는 선례도 보이지 않았다. 나에게 교육의 기회가 주어져 업스킬링을 하거나 직무 순환의 기회로 리스킬링

reskilling(새로운 기술을 익히는 과정)을 할 수 있었다면 어땠을지 하는 아쉬움이 남는다.

종종 중소기업 CEO분들을 대상으로 하는 강연에 초대된다. 대기업은 교육의 기회가 많지만, 상대적으로 중소기업 CEO와 임원들은 교육의 기회가 적어 외부 모임을 활용해 인맥과 교육의 욕구를 충족하길 원한다. 중소기업 CEO들이 가장 많이 하는 고민은 인재 채용이다. "중소기업은 사람들이 지원을 안 해요. 요즘 누가 중소기업에 들어오려고 하겠어요. 재수, 삼수해서 공기업이나 대기업 가려고 하지요"라는 한탄 섞인 말을 늘어놓는다. 잘 생각해 보자. 직장인 중 85%가 중소기업 재직자이다. 중소기업이라 인재들이 지원하지 않는 게 아니다. 발전과 성장의 기회가 없을 것 같아 두려운 것이다. 대기업이라 한들 평생직장이 될 수 없다. 하지만 '대기업에 들어갈 만한 인재'라는 스펙을 쌓아 이를 발판으로 원하는 곳으로 이직할 수 있다. 우리 기업에서 과연 성장과 발전의 기회를 주고 있는지 고민해 봐야 한다. 오히려 배울 게 많다면 이직을 고민하지 않을 것이다. 성장과 발전의 기회를 주는 것이 바로 팀장이 해야 할 역할이다.

3. 팀원들의 연결 및 커뮤니티

팀원들이 조직 내에서 어떠한 네트워크를 맺고 있는지는 동기부여에 아주 중요한 요인이 된다. OO대기업 H과장은 회사에 불만이 참 많았다. 팀장이 일을 시키면 습관적으로 하는 첫 마디가 "이거 왜 해야 해요?"였다고 한다. 나중에 알고 보니 회사에서 친하게 지내는 동료들이 모두 그런 투덜이 성향을 지닌 무리였다. 새로운 업무가 주어지면 H과장은 이 동료들에게 조언을 구했다. 선배라면 '한 번 해봐. 그러면서 성장할 거야'라는 조언을 해줘야 하는데, 오히려 "하지 마, 너희 팀장님은 왜 그런 일을 너한테 시켜? 안 한다고 배째" 이런 조언을 해주었다는 것이다. 어떤 친구를 만나고, 사회에서 어떤 사람과 어울리는지는 한 사람의 미래에 매우 큰 영향력을 미친다. 멘토링 기회 등을 통해 긍정적인 영향력을 줄 수 있는 인력과 연결될 수 있도록 매칭을 시켜주어야 한다.

4. 의미와 목적

마지막은 의미와 목적이다. 단순히 이익을 창출하는 것을 넘어 우리 조직이 사회에 기여하는 바와 존재의 목적이 무엇인지 정의해야 한다. 그리고 이를 팀원에게 알려 조직 구성원으로서의 자부심을 느끼게끔 하자. 작은 업무일지라도 팀원 개인의 업무가 조직에 어떠한 영향을 미치는지를 팀원이 알 수 있도록 상세히 설명해 주자. 모든 업무에는 경중이 분명히 있겠지만, 경중을 따지기보다 더 큰 그림을 보아야 한다. 목표를 달성하려면 중대한 업무뿐만 아니라 모든 업무들의 조합이 중요하다.

이제 팀원들의 동기를 유발하거나 역량을 키워주려면 다각적인 장치들이 필요하다는 사실을 이해하게 되었을 것이다. 팀장은 팀원들이 조직에서 어떻게 성장하기를 원하는지, 그리고 회사가 제공해 줄 수 있는 것은 어디까지인지를 끊임없이 소통해야 한다. 그 과정에서 동기와 역량을 끌어낼 수 있다.

TIP

1 **팀원의 동기를 끌어내는 방법**
- 정기적인 원온원을 통해 먼저 팀원과 신뢰를 쌓아야 한다. 이 과정에서 팀원의 비전을 확인하고, 그 비전을 조직 내에서 이룰 수 있도록 도와라. 개인의 비전 달성이 곧 동기를 이끌게 된다.
- 팀원이 조직 내 긍정적인 네트워크를 쌓을 수 있도록 도와라. 서로 선한 영향력을 주고받을 수 있도록 팀원들의 관계 구축에 힘써야 한다.

2 **팀원의 능력을 키워주는 방법**
- 팀장은 팀원의 업무에 대해 KSA(Knowledge, Skill, Attitude)를 객관적으로 알고 있어야 한다. 원온원을 통해 팀원에게 부족한 KSA를 찾아 이를 개발할 기회를 주자.
- 외부 교육, 사내 교육, 멘토링 프로그램, 팀장의 피드백 등 다양한 방법을 활용하자.

인정이
참여를 이끈다

팀원의 셀링 포인트를 찾고 이를 인정해주라.
그러면 팀원은 자신감을 갖고 어떤 일이든 적극적으로 임하게 된다.

한때 내 별명은 '오버 리$^{Over Lee}$'였다. 오버한다고 해서 어느 분이 지어 주신 별명이다. 나는 특히 리액션이 크다. 가까운 지인들은 호들갑스럽다고 표현하기도 하고, 누군가는 진정성이 없다고 하기도 하지만, 대다수가 이런 반응에 덩달아 기분이 좋아진다고 이야기한다.

한번은 지인의 회사에 미팅 차 방문한 적이 있다. 넓은 로비에 있는 전광판에는 그 달 직원들이 수행할 미션이 게재되어 있었다. HR팀에서는 조직문화 개선을 위해 매달 주제를 바꿔가며 캠페인을 한다고 했다. 예쁜 글꼴과 시선을 사로잡는 디자인에 나도 모르게 본능적인 반응이 튀어나왔다. "와, 정말 예쁘네요. 실천해야 할 것 같은 마음이 생기잖아요. 기분이 좋아져요."

이런 반응을 하면 대부분의 사람은 "아, 그래요?"라며 별 반응이 없는데, 이 지인은 이렇게 답했다. "그렇게 봐주셔서 감사해요. 이거 아이디어 내고 제작한 직원 칭찬해 줘야겠네요. 일을 굉장히 잘하는 직원이에요. 저도 깜짝깜짝 놀라는데요, 박사님도 그렇게 생각하셨군요." 이렇게 긴 반응은 처음이었다.

자리를 옮긴 회의실에는 신입사원 한 명이 함께 들어와 있었다. "저희 신입사원이에요. 오늘 미팅 같이 들어가자고 했습니다. 박사님께 소개해 드리려고요. 요즘 신입사원들은 얼마나 스마트한지, 제가 기대가 커요." 나는 이와 상반되는 경험도 종종 한다. "우리 신입입니다. 아직 많이 부족합니다. 많은 가르침 부탁드립니다." 뭔가 다른 지점이 느껴지는가. 두 반응의 차이는 무엇일까? 바로 인정의 차이다.

팀장은 나의 팀원들을 셀링해야 한다. 셀링 포인트를 찾아 인정해 줘야 한다. 마치 홈쇼핑의 쇼호스트들이 자신의 제품을 셀링하는 것처럼 말이다. 쇼호스트는 본인의 코너에 소개되는 제품을 인정하고, 셀링포인트를 찾아 적극적으로 '표현'한다.

이 지인과의 대화를 떠올릴 때 또 한 가지 기억나는 것은 그녀의 입버릇이다. "정말 좋은 질문이에요." 내가 무언가를 질문하면 입버릇처럼 이 말을 하곤 했다. 그 회의에서 나는 신입사원에게 이렇게 물었다. "제가 이번 교육 콘텐츠를 개발하는데, 뭐 궁금한 거 있으세요?" 신입사원에게 참여의 기회를 주고 싶었다. "개발하는 데 소요 시간은 얼마나 걸릴까요?" 신입사원의 질문에 팀장은 그 찰나를 놓치지 않고 칭찬했다. "정말 좋은 질문이야. 그래야 다음 계획을 수립하지."

이 팀장은 이런 인정의 표현이 팀원들의 참여를 이끄는 좋은 방법임을 아주 잘 알고 있는 듯했다. 이런 피드백을 받으면 팀원은 좋은 질문을 더 많이 하려고 노력할 것이며, 어떤 일이든 자신감을 갖고 적극적으로 임하게 된다.

"사랑은 말로 표현하지 않으면 모른다"는 말을 들어봤을 것이다. 사랑하지만 표현해 주지 않으면, 부모와 자식 간에도, 부부 간에도, 연인 간에도 서로의 사랑을 알 방법이 없다. 오해만 쌓일 뿐이다. 인정도 같은 맥락으로 볼 수 있다. 누군가가 나를 인정해 주는 것은 '표현'을 통해서만 알 수 있다.

〈하버드 비즈니스 리뷰〉에 실린 연구 결과에 따르면, 전 세계적으로 수만 건의 360도 다면평가를 분석한 결과, 인정을 표현하는 능력이 뛰어난 리더를 둔 직원과 그렇지 못한 리더를 둔 직원의 참여도 사이에 큰 차이가 있었다. 인정 능력이 하위 10%에 속하는 리더와 상위 10%에 속하는 리더 밑에서 일하는 팀원들의 참여도는 각각 27%, 70%였다.[9] 현격한 차이였다.

최고의 인정은 바로 팀원의 공을 인정해 주는 것이다. 팀원의 공은 여러 사람, 특히 의사결정권자가 알 수 있도록 널리 알려야 한다. 공로는 꼭 대단한 실적만을 의미하지 않는다. 해당 업무에서 어떤 부분을 담당했는지에 대한 언급만으로도 충분하다. 상사가 내가 한 일에 대해 모르고 있다면 참 기운이 빠지는 일이다. 누가 어떤 업무를 하고 있는지 잘 파악하고 팀원의 셀링 포인트가 보일 때마다 짧게 인정을 표현해 주자. 인정은 구체적이어야 하며, 본인이 알 수 있도록 이름과 함께 명확히 표현해야 한다. "말 안 해도 알지? 내가 요즘 지켜보고 있어", "지금 잘하고 있어" 와 같은 애매한 표현은 인정이라 볼 수 없다.

"이 대리, 이번 보고서는 지난번보다 객관적인 자료가 많아서 훨씬 설득력이 있네요", "박 신입, 코딩 능력이 신입 같지 않아요. 우리 팀에 아주 유용한 스킬입니다." 이처럼 이름과 함께 객관적이고 구체적으로 잘한 점을 칭찬해 주자. 이를 팀 문화로 만들면 상대는 물론 다른 팀원들에게도 자극제가 되어 긍정적인 영향을 줄 수 있다.

TIP

1 팀원의 셀링 포인트를 찾아라.

잘한 점을 찾기 위한 노력을 기울여야 한다. 작은 것부터 시작하자. "파워포인트 색감 좋네요." 같은 사소한 칭찬도 좋다. '그게 뭐가 중요한 부분이라고?'라고 생각하는 사람은 팀원이 더 큰 활약을 해도 인정해 주지 않을 사람이다. 바로 셀링 포인트를 찾는 연습부터 해 보자.

2 적극적이고 공개적인 칭찬으로 참여를 이끌어라.

표현하지 않으면 상대는 알 수가 없다. 표현은 두 대상에게 해야 한다. 바로 당사자와 주변인들이다. 당사자가 알도록 잘한 점을 칭찬해 주고, 다른 팀원들에게도 알려 서로 자극제가 되도록 하자.

일을 잘 맡기기 위해 팀장이 해야 할 일 3가지

팀의 역학 구조를 이해하자.
어떤 일을 누구에게 어떻게 맡길지 고민하고,
개인의 능력이 아닌 팀의 능력을 이끌어라.

친하게 지내는 P교수가 해외 학회에 논문을 제출할 계획이라고 한다. 해외 학회의 경험도 쌓고 세계적인 석학들을 직접 만날 수 있는 기회는 참 설레는 일이다. 몇 분의 박사님들과 회의를 통해 논문 주제를 정하고, 변인들에 대해 각자 공부를 한 후, 연구 방법을 설정하고 연구에 들어갔다. P교수가 이번 프로젝트에서 팀장의 역할을 맡아 업무를 분장했다. 나는 많은 고객사와의 인맥을 동원해서 데이터를 수집하는 역할을 맡게 되었다. 해외 학회인 만큼 모두 영어에 대한 부담이 있었는데, H교수가 자진해서 발표를 하겠다고 나섰다. 다른 사람들의 부담을 덜어주려는 배려였다. H교수는 우리 중 영어를 가장 잘하기도 하지만, 프레젠테이션 능력이 탁월했다. 해외 학회에 논문을 제출하고 발표한다고 하면 다들 놀란다. "네가?"라는 반응을 보이기도 한다. 하지만 우리는 이처럼 '팀'으로 움직인다.

세계적인 코치인 댄 설리번Dan Sullivan은 자신의 능력을 발휘할 수 있는 몇 가지만 직접 하고, 나머지는 그 일을 더 잘할 사람에게 맡겨야 한다고 했다. 팀이 좋은 성과를 내려면, 무엇보다 팀장이 팀원들에게 일을 잘 맡겨야 한다. 팀원에게 일을 잘 맡기기 위해서는 다음의 3가지가 요구된다. 첫째, 맡길 업무에 대해 구체적이고 명확하게 설명한다. 둘째, 팀원들의 개인적인 특성과 상황을 파악한다. 셋째, 해당 업무에 대해서 팀원과 논의할 때 지시가 아닌 소통을 해야 한다.

1. 업무에 대해 구체적이고 명확하게 설명한다

해방촌에서 아주 유명한 카페를 운영하는 친구가 있다. 직원들은 보통 한 카페나 베이커리를 1~2년 다니다가 그만두는데, 가장 큰 이유는 실무를 배워서 본인의 매장을 오픈하기 위해서다. 사장이 되기 전에 먼저 직원의 경험을 쌓는 것이다. 직원의 경험이 있어야, 사장이 할 일이 무엇인지 명확하게 규정할 수 있다.

다른 일도 마찬가지다. 직접 데이터를 수집해 본 경험이 있어야 어떤 점에 유의해서 데이터를 수집해야 하는지 알 수 있다. 다짜고짜 설문을 돌리라고만 지시하면 서로 당황스럽다. 팀장은 팀원에게 맡기는 업무에 대해 명확하게 정의해야 한다. 각 업무에 대해서 이유와 배경은 물론 원하는 결과도 함께 작성한다. 예를 들어, "많은 기업과 네트워킹이 있으시니 데이터 수집을 도와주세요"가 아니라, "어느 규모 이상의 기업을 대상으로 몇 명 이상, 언제까지 수집해 주시면 됩니다"라고 해야 한다. 업무를 하는 과정에서 고려해야 하는 규칙이나 주의 사항이 있으면 함께 전달한다.

굿 플레이어가 모두 굿 코치가 되는 건 아니지만, 굿 코치 중에 굿 플레이어였던 이들은 분명히 존재한다. 프랑스의 현 축구 감독이자 전 축구선수인 디디에 데샹Didier Claude Deschamps처럼 말이다. 어떤 일을 직접 해본 사람만이 그 일에 대해 가장 잘 안다. 암묵지(학습과 경험을 통해 체화되어 있으나, 겉으로 드러나지 않는 지식)를 형식지(문서나 매뉴얼처럼 객관적인 형태로 표현 가능한 지식)로 구체적이고 명확하게 설명할 수 있어야 한다. 대부분의 조직은 직무분석을 통해 직무 기술서가 마련되어 있을 것이다. 이를 바탕으로 실무자의 경험을 살려서 다시 작성해 보자. 팀원이 맡게 될 업무를 설명하는 데 도움이 될 것이다.

해당 업무 (Job)	신입사원 교육 과정 개발
해당 업무의 조직 내 의미	신입사원의 조직 적응을 돕고, 나아가 개인의 발전과 조직의 발전에 다각적으로 큰 영향을 미칠 첫 교육이라는 의미가 있다. 신입사원 교육은 신입사원들이 느끼는 조직의 첫 이미지인 만큼 신뢰도가 높고, 조직에 충성도가 있는 강사를 섭외해야 한다.
과업(Duty)	교육과정 설계, 강사 섭외, 장소 섭외, 교육 안내, 교재 제작, 강의장 세팅 등
기대하는 결과	교육과정 평가 4.9 이상

2. 팀원들의 개인적인 특성과 상황을 파악한다

업무를 명확하게 정의했다면, 그다음은 해당 업무를 어떤 팀원에게 맡길지 고려해야 한다. 팀 관리를 잘하려면 팀장은 각 개인의 역량은 물론 개인적인 특성과 상황까지 잘 파악하고 있어야한다. 일을 맡길 때 주의할 점은 팀원의 역량과 의욕을 구분하는 것이다. 의욕이 앞선다고 선뜻 일을 위임해서는 절대 안 된다. 그결과에 대한 책임은 오롯이 팀장이 지게 된다. 무엇보다 '역량'이 우선적인 기준이 되어야 하며, 팀원의 역량을 파악하려면 팀장이 해당 업무에 대해 잘 알고 있어야 한다. 팀원의 역량은 원온원 또는 잦은 업무 피드백을 통해 파악할 수 있다. 원온원에 대해서는 뒤에서 더 자세히 다루도록 하겠다.

● 팀원의 KSA를 작성해 본다. (원온원 혹은 스파이를 통해 전해 들은 역량과 관련된 내용)

이름	홍길동	
역량	K (Knowledge, 지식)	교육학 전공자로 교육 설계의 이론적 배경을 잘 이해하고 있음. 하지만 성인 학습자에 대한 이해가 부족한 것으로 판단됨. 이는 성인 학습자에 대한 경험 부족이 그 원인으로 보임 (스파이를 통해 들은 정보: 대학 재학 시절 과외 알바 경험이 많다고 함. 성인 학습자보다 학생들과의 경험이 더욱 많음)
	S (Skill, 기술)	소통 능력이 떨어짐. 강사를 섭외하는 과정에서 교육의 의미와 목적을 설명하는 방법적 오류로 명확하게 전달이 되지 못함 (스파이를 통해 들은 정보: 잘파세대에게 나타나는 폰 포비아를 겪고 있다고 함)
	A (Attitude, 태도)	소통 능력이 떨어지는 것인지, 상대에 대한 배려심이 부족한 것인지 판단해야 함 (스파이를 통해 들은 정보: 친한 사람들에게는 친근하게 다가감)
의욕 (동기)	소통하는 방법이 소극적이어서, 의욕이 없는 것으로 비칠 수 있음	
개인적인 상황	입사한 지 얼마 되지 않아 조직 내 적응에 어려움이 있는 것으로 보임. 신입사원 교육과정 업무가 조직 적응에 긍정적인 요인이 될 수도 있고, 어려움에 부딪혀 부정적인 영향으로 돌아올 소지도 있음. 진척 사항을 잘 살펴봐야 함. 책임을 혼자 지도록 하기보다 팀장이나 다른 팀원과 협업할 수 있도록 지원해 줘야 함. 친하게 지내는 팀원이 있는 것으로 파악됨. 해당 팀원과 함께 협업할 수 있는 방법을 도출할 것	

의욕은 앞서지만, 역량이 따라주지 않는 팀원이라면 일할 수 있도록 능력을 키워주어야 한다. 역량은 뛰어나지만 일에 통 의욕이 없는 팀원이라면, 혹시 개인적인 문제가 있는 것은 아닌지 살펴봐야 한다. 원온원을 통해 할 수도 있지만, 팀 내 스파이를 두는 방법도 있다. 함께 일하는 팀원들 사이에서 오고 가는 사적인 이야기를 전달받으라는 의미의 스파이는 아니다. 조직 생활의 불편함, 개인적인 어려움 등 혹여나 팀장이 놓치고 있는 부분은 없는지 귀띔을 받는 것이다. 가까이에서 생활하고 있는 동료가 개인적인 상황에 대해 더 잘 알고 있을 수 있기 때문이다. 팀원의 상황을 다각적으로 고려하여 업무를 맡겨야 한다.

3. 지시가 아닌 소통이 필요하다

앞서 팀장은 일을 '잘 맡겨야' 하는 사람이라고 언급한 바 있다. 명령과 지시라는 말을 사용하지 않고, 일을 '맡긴다'는 표현을 사용한 이유는 '소통' 과정의 의미를 담기 위함이다. 불과 몇 년 전만 해도 "김 대리, 이 보고서 분석 내일까지 마무리 좀 해 주세요"라는 지시에 묵묵히 따르는 게 조직의 전반적인 분위기였다. 하지만 이런 일방적인 지시보다는 "내가 김 대리를 믿고 이 업무를 맡기는 거예요. ○○○ 결과를 원합니다. 언제까지 가능할까요? 그리고 제가 어떤 리소스를 전달하면 될까요?"라는 말이 더욱 호의적으로 들린다.

그렇다고 무턱대고 "자네만 믿고 맡기네"라고 하는 것은 무책임한 태도다. 많은 팀장이 일을 맡기면 책임도 함께 넘기는 것으로 오해하기도 한다. 하지만 최종 결과물의 책임은 팀장이 함께 진다는 것을 기억하길 바란다. 그런 이유에서 소통 과정이 필요하다. 소통 방법은 팀원의 유형에 따라 달리할 수 있다. 역량이 부족한 팀원이라면, 이 업무를 수행하는 데 요구되는 KSA를 조금 더 명확하게 설명해 주어야 한다. 역량은 뛰어나지만, 동기가 부족하거나 자신감이 떨어지는 팀원에게는 이 업무가 조직 내에서 지니는 의미를 알려줘야 한다. 이 일의 의미, 이 업무에 대해 팀이나 조직이 갖는 기대 등을 설명해 주면 팀원의 의욕을 북돋을 수 있다. 단, 사실을 기반으로 해야 한다. 예를 들어, 신입사원 교육을 앞둔 팀원이 있다면 다음과 같이 말해줄 수 있다.

"신입사원 교육은 교육의 꽃이라고 합니다. 신입사원들의 열정도 아주 높지만, 회사 차원에서도 이들이 곧 회사의 미래거든요. 김 사원도 이 교육을 진행하면서 신입사원과 친해질 수 있는 기회가 될 거예요. 그러면 신입사원들은 김 사원을 선배로서 아주 잘 따르고 협업에도 큰 도움이 될 겁니다. 이번 과정을 진행하면서 김 사원도 크게 성장할 거라 봅니다."

만약 역량과 동기가 모두 떨어져 도무지 일을 맡길 수 없는 직원이 있다면 어떻게 해야 할까? HRD 교과서에 나오는 이론적인 이야기를 해 주겠다. 내보내거나 고쳐서 써야 한다. 극단적으로 들릴 수도 있다. 보통은 내보낼 수 없으니 고쳐서 써야 하는데 이역시 쉽지 않다. 다른 방편으로 시스템을 고치는 방법이 있는데, 이 내용은 저성과자 편에서 깊이 다루도록 하겠다.

TIP

일을 잘 맡긴다는 것

- 팀원에게 맡게 될 업무에 대해 구체적이고 명확하게 설명한다.
- 팀원의 업무 역량과 개인적인 상황을 고려해 업무를 분장한다.
- 명령과 지시보다 소통을 통해 일한다. 업무를 자주 점검하고 진척 정도를 팀장이 함께 책임지고 확인한다. 팀원이 자신이 맡은 일을 단발적인 업무로 여기지 않고 장기적인 안목을 갖고 일할 수 있도록 지속적으로 소통하라.

팀장의 **피드백**이
얼마나 중요한지

팀원들이 피드백을 부담스러워한다고 생각하지 마라.
팀원들이 팀장의 객관적인 피드백을 원한다는 연구 결과는 차고도 넘친다.

첫 직장에 출근한 지 얼마 되지 않았을 무렵, 대리님이 나에게 팩스 하나를 보내달라고 했다. 영어로 쓰여 있는 문서 몇 장과 함께 받은 포스트잇에는 이상한 번호가 쓰여있었다. 팩스를 보내 본 적은 없었지만, '뭐, 할 수 있겠지'라는 생각을 하며 팩스기 앞으로 갔다. 그런데 글자가 위를 향하도록 넣어야 하는지, 바닥을 향하도록 넣어야 하는지 도무지 알 수 없었다. 한 장씩 넣어야 하는지, 여러 장을 한꺼번에 넣어야 하는지도 헷갈렸다. 이전에 국제전화를 해 본 일이 없어서 어떻게 번호를 눌러야 하는지도 전혀 알 방법이 없었다. 나는 여러 변수를 모두 활용해 팩스를 보냈다. 서류의 방향을 바꿔보기도 하고, 종이를 한 장만 넣어봤다가 다시 여러 장을 다 넣어 보기도 했다. 대리님이 별말이 없던 걸 보니 팩스가 도착은 한 모양이었다. 하지만 제대로 된 피드백을 받질 못하니, 어떤 방법이 옳은 방법인지 한참 뒤에야 알게 되었다. 비단 팩스를 보내는 업무뿐만 아니라 모든 일에 있어서 피드백이란 걸 받아본 기억이 없다. 내가 적당히 대충 해 가면 대리님이 알아서 이를 수정해 놓곤 했다. 당시 대리님은 바빠서 나에게 업무에 대해 친절하고 상세하게 피드백해 줄 상황이 안 됐지만, 피드백에 대해서 제대로 배운 적도 없는 듯했다. 피드백도 제대로 배우지 못하면 하지 못한다. 내가 보낸 문서가 무엇인지, 서류가 잘 도착했는지, 어떤 결과가 있었는지 피드백을 해 줬다면 얼마나 좋았을지 하는 아쉬움이 남는다.

"우리 회사는 피드백을 하지 않습니다"라며 나에게 피드백에 대한 교육을 요청한 조직이 있었다. 세대가 바뀌면서 Z세대들이 직접적인 피드백을 원해서 교육을 요청한 것이다. 이 조직에서 지금까지 피드백을 하지 않았던 이유는 뭘까? 사실 이 조직뿐만 아니라 많은 조직이 제대로 된 피드백을 하지 않는다. 내가 첫 직장에서 아무런 피드백도 받지 못했던 것처럼 말이다. 물론 조직에서 매년 성과 평가는 하지만, 성과를 평가하는 것과 피드백을 주는 것은 엄연히 다르다. 고성과자는 고성과자라는 이유로 크게 할 말이 없고, 저성과자는 이야기해 봐야 기분 좋을 일 없으니 그냥 지나가 버리는 것이다. 피드백 문화가 이슈가 된 지 그리 오래되지 않았다. 대개는 피드백을 지적으로 인식하다 보니, 상대방이 기분 나쁠까 봐 그냥 안 해왔던 것이다. 그러니 우리 조직에 월급 루팡이 존재하는 것이다. 중요한 사실은 제대로 된 피드백을 받지 못해서 본인이 월급 루팡인 줄도 모른다는 것이다. 모두 피드백 문화가 제대로 자리 잡고 있지 못한 탓이다.

요즘 잘파세대들은 A+학점을 받은 경우에도 교수님을 찾아와 이렇게 묻는다고 한다. "교수님, 제가 왜 A+를 받았을까요?" 다음번에 또 A+를 받기 위해 피드백을 받고 싶은 것이다. 마찬가지로, 일을 잘한 팀원에게도 그 행동이 반복되길 바라는 마음으로 피드백을 해 줘야 한다. 하지만 대부분의 사람들은 피드백을 불편해한다.

사회에서 만나 알고 지내는 한 기업의 HR 임원이 어느 날 내게 대뜸 이런 말을 했다. "박사님, 저 박사님께 피드백 하나 해 드릴 게 있어요." 순간 가슴이 철렁했다. 하지만 이어지는 말에 안심했다. "박사님 유튜브 채널이요. 지금 딱 이슈가 되는 주제들을 발 빠르게 다뤄 주시니 정말 좋아요." 나는 왜 '피드백'이라는 단어에 주눅이 들었던 걸까?

피드백을 기분 나쁜 지적으로 여기는 이유는 많은 팀장이 주로 교정적 피드백을 사용하기 때문이다. '교정 피드백'은 잘한 점보다 주로 문제 행동을 어떻게 수정해야 하는지만을 언급한다. 그래서 피드백을 듣는 팀원뿐 아니라, 팀장 역시 피드백으로 팀원과의 관계에 문제가 생길까 두려워 피드백을 피하게 된다. 피드백은 사실을 전달하는 것이지, 상대방의 잘못에 대해 비난하려는 것이 아님을 기억하라.

내가 제시하는 팀장의 피드백 방법은 세 가지다. 첫째, 우선 팀장과 팀원 간의 신뢰가 쌓여야 한다. 그래야 어떤 피드백을 전달해도 팀원은 이를 감정적으로 받아들이지 않게 된다. 인간은 원래 옳은 말보다는 좋아하는 사람의 말을 더 듣고 싶어하기 때문이다. 팀원이 내 말을 잘 따르지 않는다면 팀장인 나를 신뢰하지 않아서일지도 모른다. 짧은 기간에 신뢰를 쌓기는 어렵다. 신뢰를 쌓으려면 기본적으로 팀원들의 이야기를 잘 들어줘야 한다. 듣는 가운데 신뢰가 형성된다.

잘 아는 지인은 두 팀원 간의 갈등 때문에 늘 고민이었다. 두 팀원의 관계가 원만하지 못하다는 것은 이미 알고 있었지만, 팀장이 매번 간섭할 수도 없는 노릇이었다. 그러던 어느 날, 둘 중 후배 N팀원이 선을 넘는 행동을 했다. 다른 팀원들이 있는 곳에서 선배 S팀원을 무시하는 듯한 언행을 한 것이다. 팀장은 그날 N팀원을 따로 불러서 이야기했다. "S팀원과 불편한 관계라는 건 알고 있었어요. 그런데 오늘 같은 행동은 잘못됐어요. 어떤 문제가 있는 건가요?" 그런데 N팀원의 반응은 귀엽기 짝이 없었다고 한다. "애고, 들켰다. 안 그럴게요. 죄송해요."

버르장머리 없어 보이기보다 자기 잘못을 바로 인정하는 N팀원이 팀장의 눈에는 귀엽게 보였다고 한다. N팀원이 잘못을 바로 인정했던 이유는 무엇일까. 바로 팀장과 N팀원 사이에 이미 신뢰가 쌓여 있었기 때문이다. 물론 그다음에 행동이 개선되었는지는 이와 별개의 문제이다. 하지만 핑계 대지 않고 팀장의 말을 수용하는 모습 그 자체가 팀장과 팀원 사이의 신뢰가 형성되어 있음을 의미한다.

둘째, 팀원이 한 일에 대해 긍정적인 피드백을 자주 해 준다. 잘한 행동뿐만 아니라, 적절한 방식으로 업무를 수행했을 때에도 피드백을 해줘야 본인이 이를 인지하고 같은 행동을 반복하게 된다. "좋아요. 이렇게 하는 거예요", "이 부분 참신하네요" 하고 느끼는 대로 솔직히 이야기해 준다. 이렇게 평소에 긍정적인 피드백으로 동기부여를 해줘야 잘못을 바로잡는 교정 피드백 역시 객관적으로 받아들일 수 있다. 컨설팅업체 젠거 포크먼에서 직장인 2,700명을 대상으로 조사한 결과에 따르면, 응답자의 94%가 잘못을 바로잡는 피드백을 제대로 받았을 때 성과가 향상됐다고 답했다. 이처럼 교정 피드백은 큰 효과가 있지만, 교정 피드백을 할 때는 주의가 필요하다. 미국 노스캐롤라이나대학의 마셜 로사다Marcial F. Losada와 바바라 프레드릭슨Babara L. Fredrickson 교수팀이 60개 기업의 회의록을 바탕으로 긍정적 단어와 부정적 단어를 사용한 비율을 분석했다. 분석 결과, 긍정적 언어와 부정적 언어를 사용한 비율이 고성과 기업에서는 5.6대1, 평균 수준의 기업에서는 1.9대1, 저성과 기업에서는 0.36대1로 나타났다. 요컨대, 피드백을 할 때는 부정적인 피드백보다 긍정적인 피드백을 더 많이 해줘야 한다. 이 실험 결과에 따르면, 긍정적인 피드백이 최소한 3배 이상은 되어야 효과적인 것으로 나타났다.

마지막으로, 모든 피드백은 짧고 객관적이어야 한다. 객관적으로 개선해야 할 부분을 짚어주고, 해결책 또는 원하는 방향을 제시한다. 피드백을 반드시 대면으로 할 필요는 없다. 2019년 〈하버드 비즈니스 리뷰〉에서 IT기기를 활용해 1분 미만의 피드백을 하는 것만으로도 충분히 효과적이라는 연구 결과를 발표했다. 우리는 꼭 얼굴을 보고 이야기해야 한다고 생각하지만, 짧은 톡이나 문자와 같이 디지털 기기를 활용한 피드백도 효과적이다. MZ세대들에게 물어보니, 얼굴을 보고 이야기하다 보면 불필요한 이야기까지 하게 되어서 시간을 너무 많이 빼앗긴다고 했다. 결국 대화의 끝은 조언으로 흐르게 되는데, 이들은 조언보다 피드백을 원했다. 조언을 듣는 시간이 아까울 뿐 아니라, 내용도 객관적이지 못하다는 것이다. 하지만 디지털 툴을 활용하면 기록이 남다 보니 문자를 썼다 지우기를 반복하며 더욱 객관적인 피드백을 전달하게 된다.

객관적인 피드백을 하려면 팀장은 평소에 팀원을 주의 깊게 관찰해야 한다. 감시를 하라는 게 아니라, 마치 자녀에게 관심을 쏟듯이 사랑으로 관심을 갖는 것이다.

지금 당장 팀원의 잘한 점을 하나 찾아 긍정적인 피드백을 해보자.

TIP

적을 만들지 않는 피드백 기술

1 **팀장과 팀원의 신뢰가 우선이다.**
   팀장과 팀원 사이에 신뢰가 형성되면 팀원은 그 어떤 피드백도 기분 나쁘게 받아들이지 않는다. 오히려 자신의 성장에 도움이 된다고 여기고, 배울 점이 많은 팀장으로 인정할 것이다.

2 **부정적인 피드백보다 긍정적인 피드백을 더 많이 해준다.**
   평소에 긍정적인 피드백으로 팀원에게 동기부여를 해줘야 잘못을 바로잡는 교정 피드백 역시 객관적으로 받아들일 수 있다.

3 **모든 피드백은 짧고 객관적이어야 한다.**
   IT기기를 활용한 1분 미만의 피드백만으로도 충분히 효과적이다. 짧다고 해서 성의 없는 피드백이 아니다. 오히려 강력하고 오랫동안 기억에 남는다.

팀장은
외로운 자리이다

왕관의 무게를 견뎌라. 그리고 필요하다면
조직에 적극적으로 도움을 요청하라.

한 제약회사에 과장으로 이직을 한 K가 속한 팀은 이직 당시 팀장이 공석이었다. 대부분의 조직이 그러하듯 이 제약회사도 최근 이직자가 늘고 경력사원의 입사가 늘면서, K과장의 팀은 말 그대로 족보가 꼬인 상태였다. 공채 출신자와 경력 입사자들로 한 팀이 꾸려졌고, 7명의 팀원 중 3~4명이 비슷한 경력과 연령대였다. 입사 당시 팀장이 공석이었던 탓에, 이 팀원 중에서 누군가 한 명을 팀장으로 발령을 내야 했다. 해외영업이라는 팀의 특성상, 타 팀에서 팀장을 영입하는 건 쉬운 일이 아니었기 때문이다.

K과장은 인사팀과의 면담에서 팀장을 맡아 달라는 요청을 받았다. 보통 차장은 되어야 팀장의 직책을 맡게 되지만, 차장 승진을 곧 앞두고 있던 터라 K과장은 제안을 수락했다. 문제는 여기에서 시작되었다. 비슷한 또래의 과장, 차장이 3~4명 있었던 상황이라 팀장의 역할이 여간 힘든 게 아니었다. 아무래도 직급의 차이가 있다 보니 팀원들이 과장급 팀장을 인정해 줄지도 두려웠다. 나중에 알게 된 사실인데, 인사팀에서는 비슷한 경력의 팀원들과 면담했지만, K과장을 제외한 모두가 팀장을 사양했다고 한다. 팀의 성과를 책임져야 하는 자리였기에 부담스러웠던 것이다.

K과장은 팀장이라는 직책이 그렇게 힘든 자리인지 몰랐다. 크게 두 가지 어려움이 있었다. 첫 번째는 팀장이 되면서 겪게 된 외로움이다. 둘 이상의 사람이 모이면 여러 가지 이야기를 하게 된다. 그중에서 가장 재미난 이야기는 '남 이야기'이다. 팀원은 좋은 것이든, 나쁜 것이든 팀장에 대한 이야기를 하게 된다. 팀장이 된 순간부터 K팀장은 자신만 빼고 몇몇이 모여 있는 장면을 여러 번 목격하게 되었단다. 직접적인 이야기를 들은 건 아니지만 내심 '내 이야기를 하는 건 아닌가' 하는 의구심이 들었다고 한다.

팀장은 이처럼 외로운 자리다. 권한을 갖게 되는 순간, 그 권한으로 인한 의사결정은 팀원에게 어떤 방식으로든 영향을 주기 때문이다. 누군가에는 좋은 영향을 줄 수도 있지만, 조직적으로 일하다 보면 어떤 팀원에게는 손해가 되는 부정적인 영향을 미칠 수도 있다. 예를 들어 예산상의 문제로 인력을 감축해야 한다거나, 성과 부진으로 부정적인 피드백을 해야 한다거나, 팀워크에 방해가 되는 문제가 보이면 직접 해결에 나서야 한다. 팀장이란 이 외에 무수히 많은 일들을 해결해야 하는 자리인데, 팀원들은 당연히 좋은 이슈보다 부정적인 이슈에 더 민감하게 반응하게 된다.

어떠한 결정을 하든, 누군가에게는 섭섭함을 주는 결정이 있을 수밖에 없다. 외로움을 느낀다면 이를 팀장의 성장통으로 여기자. 원래 높은 자리에 있는 사람들은 외로울 수밖에 없다. 어느 유명인의 인터뷰에서 본 내용이다. 월드 스타인 그녀가 가끔 한국에 들어와도 연락해 오는 친구가 하나도 없다고 한다. 당연히 바쁠 거라고 생각해서 친구들이 연락을 안 한다는 것이다. 수많은 대중의 인기를 먹고 사는 그녀이지만, 군중 속의 고독을 느끼고 있었다. 팀장도 이처럼 외로운 자리이다.

이보다 더 큰 어려움은 다른 팀 팀장들과의 협업이었다. 회사에서는 팀장에 맞게 차장 승진을 빠르게 결정하며 K팀장에게 힘을 실어주었다. 하지만 동료들은 그를 인정해 주지 않았다. K팀장은 용기를 내서 직급과 상관없이 직책을 존중하는 문화를 만들어 달라고 회사에 요청했다. 다른 팀장들보다 낮은 직급이지만, 같은 팀장으로 봐 달라고 말이다. 팀원과 팀장 개인들을 하나

하나 설득하는 것보다 조직의 시스템을 구축하는 방법이 더 합리적이고 빠른 방법이다. 팀장이 본인의 역할을 잘 수행하는 것도 중요하지만, 그 역할을 잘 수행하기 위해 조직을 최대한 활용해야 하고, 조직도 팀장을 적극적으로 도와주어야 한다.

TIP

다음은 외로움을 견디지 못하는 팀장의 말 습관이다. 다음과 같은 대화는 삼간다.

- **"여러분은 어떻게 생각해요?"**
  팀원들에게 다양한 의견을 구하는 것은 좋으나, 자신의 의견은 내지 않은 채 묻기만 하는 것은 팀원들에게 묻어가려는 리더의 말습관이다. 리더는 인사이트를 활용하여 합리적인 의사결정을 내릴 수 있어야 한다.

- **"저도 잘 모르겠어요. 조금 더 살펴보고 결정할까요?"**
  자신의 결정에 확신을 갖지 못하는 리더의 말 습관이다. 자신의 의견이 혼자만의 의견이 될까 봐 두려운 것이다. 많은 사람이 동의하는 의견이기를 원하는 마음에 최종 결정을 계속 미루는 것이다. 하지만 그럴수록 시간만 지체될 뿐, 더 좋은 의사 결정을 내리기 어려워진다. 자신의 의사 결정에 대해서 팀원들을 설득하는 능력 또한 팀장이 갖춰야 하는 리더십이다.

- **"저는 모르는 일인데요. 제가 그렇게 이야기하지 않았잖아요."**
  책임 전가형 리더의 말습관이다. 갖은 핑계와 거짓말로 책임을 지지 않으려고 하거나 혼자 책임지는 것을 두려워하는 유형이다. 모든 책임을 팀장에게 지라고 하는 건 무자비한 일이다. 하지만 때로는 팀장이 팀원들의 실수나 실패를 용인해 주고 본인이 책임져 줄 수 있어야 한다. 팀장인 이상 외로움을 감당할 수 있어야 한다.

팀장의 **역량**을
증명하라

이제 막 팀장이 되었거나 팀장을 희망하는 이들은 기억하라.
팀장의 자격은 결국 업무 역량이다.

팀장이라는 직책을 처음 맡았다면, 가장 걱정되는 부분이 팀장으로서의 성과일 것이다. 팀장은 팀의 성과를 이끌어야 한다지만, 본인의 성과관리 또한 놓칠 수 없는 부분이며 팀의 성과와 본인의 성과가 어떻게 다른지도 구분하기 어렵다. 성과는 결과치와는 다르다. 가령 3개월 안에 5킬로그램을 감량하기로 했다면, 이는 결과이다. 하지만 성과는 체중 감량으로 얻게 되는 상위의 무엇이다. 그렇다면 '성과관리'란 그 성과를 창출하기 위한 전략, 다시 말해 일하는 방법을 말한다. 따라서 결과물과는 다른 의미이며 원하는 성과를 얻기 위해 팀장은 성과 관리를 해야 한다. 영어식으로 표현한다면 아웃풋output은 결과물이며, 아웃컴outcome이 진짜 원하는 목적을 달성한 성과이다. 이렇게 굳이 단어를 구분해서 사용하는 이유는 바로 객관적인 평가를 하기 위해서다.

대부분의 국내 기업은 성과를 등급제로 사용하고 있으며, '상대반영 평가제도'를 사용한다. 팀원들의 업무 결과를 점수로 평가한 후, 정해진 비율로 등급을 배분한다. 즉, 팀원들끼리 협업을 하기보다는 경쟁하게끔 만들어 놓았다. 하지만 팀장의 역할은 팀원들이 서로 경쟁하기보다 협업을 통해 더 나은 성과를 창출하도록 돕는 것이다. 팀의 성과는 다른 팀과의 경쟁을 의미하기보다 조직의 목표와 연결되어 있다고 이해하면 된다. 대기업이라면 연초나 연말에 한 해 동안의 성과를 평가하면서 다음 해 개인의 성과를 위한 목표를 수립한다. 하지만 목표와 성과가 무엇인지 그 구분도 잘 되어 있지 않은 상태에서 숫자로만 이를 나타내는 경우가 대부분이다. 스타트업이나 중소기업의 경우 목표나 성과와 관련한 객관적인 툴이 없는 경우도 아주 많다.

대표적으로 KPI와 OKR을 비롯해 다양한 성과관리 툴이 존재하지만, 이와 관련해서는 뒤에서 자세히 다루고, 여기에서는 가장 쉽게 활용할 수 있는 방법을 소개하려고 한다.

바로 'Plan - Do - See'이다. 'Plan - Do - See'는 일본의 자동차 회사 토요타의 생산 시스템Toyota Production System, TPS으로 품질관

리를 강화하기 위한 방법으로 창안되었다. 생산 공정에서뿐만 아니라, 다양한 곳에서 범용적으로 사용이 가능하므로 성과관리에 쉽게 적용할 수 있다.

예를 들어, 체중 감량이라는 '계획^{Plan}'을 세웠다면, 운동을 하는 건 '실행^{Do}'이다. 그다음 달성했는지 여부를 '피드백^{See}'해야 한다. 그래야 다음 계획을 할 때 적합하고 현실적인 계획을 수립할 수 있다. 팀장이 되었다면, 팀장은 자신의 업무 역량을 조직에 증명해야 한다. 먼저, 자신의 성과와 관련한 목표들을 계획하라. 계획을 달성하기 위해 정해 놓은 기간 동안 실행하고, 결과에 대해서 피드백하라. 적어도 3개월 안에 나의 역량을 조직과 팀원들에게 증명해야 한다.

우선 현재 팀 내에 당면한 과제가 무엇인지를 파악하라. 그다음 당면한 과제를 수행하는 데 있어 선행되어야 하는 과제가 무엇인지를 파악하고, 마지막으로 팀 운영과 관련한 전반적인 사항을 파악한 후 개선해야 할 과제를 찾아 성과를 위한 구체적인 목표를 수립해야 한다. 첫 3개월은 팀장이라는 직책에 적응하는 기간이므로 과제들을 파악하고 구체적인 실행계획을 잡는 것만으로도 충분히 역량을 증명할 수 있다.

예를 들어, HR부서에서 신입사원 채용과 관련하여 면접관 교육을 준비 중이라면, 다음과 같은 프로세스로 팀장의 역량을 증명할 수 있다.

당면과제	3개월 뒤에 채용 계획이 있다. 면접관 역량 강화를 위한 교육을 계획 중이다. 대상자 선정, 강사 섭외, 교육 내용 설계, 교육 진행 및 제반 사항과 관련한 업무를 파악하고 진행시켜야 한다.	Plan	
		Do	
		See	
선행과제	■ 전년도 담당 실무자와의 미팅 ■ 인사팀과 채용 계획 및 규모에 대해 논의하기 ■ 전년도 프로그램과 비교하여 개선해야 하는 사항들 파악하기 ■ 타사의 사례 연구하기 – 업무 파악 – 팀원들의 특성 파악 – 해당 업무의 담당자 선정 – 업무의 권한위임	Plan	
		Do	
		See	
개선과제	■ 타사 혹은 글로벌 사례 연구하기 ■ 지원자들의 면접관(면접 상황) 평가 확인하기 ■ 평가 시스템 수정하기 ■ 교육과정 재설계하기	Plan	
		Do	
		See	

TIP

결국 팀장은 역량으로 평가받는다.

- 팀장은 팀원과 다른 일을 해야 한다. 하지만 실무를 직접 수행하지 않더라도, 해당 업무에 대한 역량은 충분히 갖추고 있어야 한다.
- 팀장이 된 직후, 처음 당면한 과제에 대해서는 팀장이 직접 개입하여 팀원들에게 역량을 증명하라.

팀장의 역할은 무엇인가

2

리더십은
구체적인 행동으로
표현되어야 한다

팀장은 조직의 성과를 이끄는 실천 단위의 책임자이다.
조직에 기여할 수 있는 목표를 설정하고, 팀원에게 성장의 기회를 주며,
리더다운 인품을 지녀야 한다.

리더십이 있다고 하면 어떤 모습이 떠오르는가? 배려하는 모습, 카리스마 있는 모습 등 하나의 행동으로 규정하기 어려울 것이다. 여기서는 리더십을 발휘한다는 것이 무엇인지 좀 더 구체적으로 정리해 보고자 한다.

1. 조직에 기여할 수 있는 목표를 설정하라

조직의 성과를 이끌기 위한 가장 기초적인 단위이다. 이 단위의 책임자가 바로 팀장이다. 팀의 성과는 조직의 성과로 연결되어

야 한다. 이때 팀장은 팀원들이 조직의 성과에 기여하도록 방향을 잡아주는 역할을 해야 한다. 다른 말로, 바람직한 방향으로 팀원의 역량을 최대한 끌어내어 조직에 기여하게끔 해야 한다. 하지만 모든 팀원이 내 맘 같지 않을 것이다. 게다가 팀원들이 모두 인재들로만 구성되지는 않는다. 부족한 팀원들의 역량을 조합하여 그 역량들이 팀 역학으로 작용하게 만드는 일이 팀장이 할 일이다.

팀장은 무엇보다 조직의 목표를 잘 이해하고 있어야 한다. 조직의 목표를 달성하기 위해 우리 팀에서 해야 하는 일을 팀 목표로 설정해야 한다. 무엇을 해야 하는지 모른 채 하루하루 당면한 과제만을 수행한다면, 팀의 성과는 물론 조직의 성과에도 기여할 수 없다.

예를 들어, 신입사원 채용에 앞서 면접관 교육을 계획 중이라고 하자. 한 팀원이 "면접관 교육을 왜 하나요?"라고 묻는다면, 어떤 대답이 옳을까?

- 위에서 시키니까
- 타사에서도 면접관 교육을 하니까
- 올해 예산이 남아서
- 좋은 신입사원을 채용하기 위해서
- 면접이 최근 사회적으로 이슈가 되니까

이런 이유는 조직에 기여할 수 있는 목표라고 볼 수 없다. 적어도 팀장이라면, 면접관 교육이 조직의 목표나 성과와 어떻게 연결되는지는 알아야 한다.

- 우리 조직에 적합한 인재를 선발하기 위해서
- 면접관의 이미지가 다음 채용의 인재 영입에 도움이 되니까
- 조직의 성과에 직접적인 영향력을 행사할 인재를 선발하는 기회이니까
- 면접관 입장에서는 그 어떠한 편견 없이 인재를 제대로 살펴볼 수 있는 역량을 키울 수 있으니까

채용 과정을 이끌어 나가는 것도 힘든데, 채용에 앞서 면접관 교육을 하라니. 늘 당면한 과제가 넘친다고 생각하는 팀장은 자신들의 업무가 조직에 어떻게 기여하는지 모른 채 하루하루 일을 쳐내느라 바쁘다. 당연한 말이겠지만, 대부분의 팀장들은 자신의 팀과 팀원이 항상 많은 일을 하고 있다고 생각한다. 정작 그 일들이 조직의 성과에 얼마나 기여하는지 분명하게 인식하지 못한 채 말이다. 이는 개인적인 관점에서 일의 중요성을 판단하는 오류를 범하기 때문이다. 팀장은 상위 조직과 긴밀하게 소통하여 조직에 기여할 팀의 목표를 설정해야 하며 이를 늘 팀원들에게 강조해야 한다.

2. 일의 의미를 알려주고, 성장할 수 있도록 피드백하라

팀장은 팀원이 목표한 바를 즉각 실행할 수 있도록 독려해야 한다. 조직의 성과에 기여할 수 있는 명확한 목표를 설정했다 하더라도, 팀원들이 실행하지 않으면 모두 허사로 돌아간다. 계획과 전략을 수립하는 게 시작의 반이라 하지만, 시험 기간에 계획만 세우다 정작 실제로 공부할 시간이 부족했던 경험이 누구나 있을 것이다.

팀장은 구체적인 행동 계획을 수립하고 중간 점검을 통해 진척 사항을 확인해야 한다. 목표와 함께 원하는 결과치도 팀원들과 공유해야 한다. 목표와 결과치만 일러주거나 이를 달성하기 위한 행동 계획만 수립해 준다고 끝이 아니다. 현재 팀원들이 하는 업무가 조직의 성과에 어떻게 기여하는지 상세히 알려주되, 조직의 성과만을 너무 강조해선 안 된다. 직원의 성장이 더 큰 목표가 되어야 한다. 팀원들은 자신들이 성장하지 못하는 일에 깊이 관여하고 싶어 하지 않는다. 팀원의 성장과 비전에 대해 솔직한 대화를 나눠라. 그리고 모든 업무를 팀원의 성장과 연결시켜라.

지인 중에 유명 디저트 카페를 운영하는 분이 있다. 하루는 대화를 나누다가 왜 장사를 하는지 물었다. "같이 성장하려고. 나도, 내 매장도, 직원도 같이 성장했으면 좋겠어." 어떻게 그런 생각을 하게 됐는지 묻자, 지인은 그냥 그렇게 느낀다고 이야기할 뿐이었다. 리더십이나 조직관리에 관한 책은 한 번도 읽어 본적이 없다고 했다. 정말 말 그대로 타고난 리더라 할 수 있다.

3. 리더다운 인품을 갖춰라

지금까지 경험했던 팀장들을 떠올려 보라. 혹시 닮고 싶은 리더가 있었는가? 그 리더는 어떠하였는가? 아마 한마디로 규정하기 어려울 것이다. 성과도 탁월했지만 배려심 또한 많았을 것이며, 카리스마 있었지만 따뜻했을 것이다. 본인의 주장을 명확히 전달했지만, 팀원들의 이야기도 귀 기울여 잘 들어줬을 것이다. 리더의 모습은 다양하지만, 이 모든 것의 바탕은 바로 인품이다. 인품의 사전적 의미는 "사람이 사람으로서 가지는 품격이나 됨됨이"라고 되어 있다. 사람이 사람으로서 가지는 것이니, 어찌 보면 인간으로서 우리 모두 저마다 고유한 인품을 갖추고 있을지 모른다.

사람으로서 마땅히 어떠해야 한다는 것을 이성적으로는 알지만, 우리의 뇌는 생존 본능이 더 빨리 작동한다. 내가 손해볼 것 같은 상황을 귀신같이 알고 스스로를 보호하려는 기제가 작동한다. 이때를 조심해야 한다. 팀장의 역할을 잘 수행하려면 이러한 자기와의 싸움에서 이겨야 한다. 당신의 리더십 스타일이 어떠하든, 훌륭한 인품이 바탕이 된다면 팀원들의 존경을 받을 것이다. 리더로서 모범을 보이는 것만으로도 팀원들의 동기를 이끌기에

에드거 퍼이어 Edgar Puryear[10]	"리더십의 요체는 훌륭한 인격이다. 훌륭한 인격이란 '자기 헌신, 책임감, 직감, 독서를 통한 자기 계발, 의사소통, 구성원에 대한 관심과 배려, 권한위임 등 개인의 자질과 특성이 어우러진 총체적인 모습'이다."
짐 콜린스 James C. Collins[11]	"좋은 회사를 넘어 위대한 회사로 도약시킨 조직의 리더들은 개인적 겸양과 강한 직업적 의지를 가졌다. 그들은 비길 데 없는 겸손함을 보이며, 조용하고 차분하게 의사결정을 하고 행동한다. 나아가 자기 자신이 아니라 조직의 야망에 충실하고, 성공했을 때는 조직에 찬사를 돌리는 겸손함을 가졌다."
스티븐 코비 Stephen R. Covey[12]	"리더십은 내면으로부터 시작된다. 리더는 원활한 인간관계를 위한 성품, 대중적 이미지, 태도, 행동, 나아가 그와 관련된 기법과 기술 등이 필요한데, 성품이 말과 행동보다 훨씬 설득력이 있다."

충분하다.

리더다운 인품을 갖추고자 하는 팀장에게 두 가지를 조언한다. 첫째, 자신의 상황을 철저히 긍정하라. 난관을 만났을 때 사람들은 자신의 상황을 두 가지 방식으로 받아들인다. '왜 하필 나에게 이런 일이 생기지?'라는 반응과 '이만하길 다행이다. 액땜했다 생각하자'라는 반응이다. 팀장은 나의 조직, 팀, 팀원뿐만 아니라 자신이 처한 모든 상황을 긍정적으로 받아들여야 하며, 그 에너지는 고스란히 팀원들에게 전달된다.

둘째, 스트레스 관리에 힘써라. 모든 상황을 긍정적으로 받아들이려면 먼저 스트레스를 잘 관리해야 한다. 지인은 자신만의 스트레스 해소법으로 퇴근할 때 음악을 크게 틀어 놓고 목 놓아 노래를 따라 부른다고 한다. 그러면 가슴이 뻥 뚫리는 듯한 느낌이 든다고 했다. 행복을 느끼는 순간 혹은 스트레스가 해소되는 순간이 언제인지 잘 기억해 두고, 이러한 상황에 자신을 자주 노출하자. '행복'이란 찰나의 감정이다. 성과를 달성해서 행복한 것이 아니고, 성과를 달성하고 팀원들과 함께 기뻐하는 그 순간이 행복한 것이다. 맛있는 음식을 먹어서 행복한 것이라기보다는 사랑하는 사람과 함께여서 행복한 것이다. 이를 미세행복, 즉 작은 행복이라고 한다. 당신이 작은 행복을 느꼈던 순간은 언제인가?

나의 경우, 스타벅스에서 혼자 책을 볼 때 작은 행복을 느낀다. 커피가 맛있다거나 독서를 좋아해서가 아니다. 혼자 있는 시간이 좋아서도 아니다. 이 상황이 나에게 미세행복을 주기 때문이다. 주말이면 아이를 학원에 데려다주고 편안한 집에 다시 돌아가도 될 것을, 나는 꼭 스타벅스에 가서 책을 읽는다. 그러면 일주일의 스트레스가 모두 해소되는 느낌이다.

많은 조직을 다니다 보면, 조직마다 문화가 서로 다르다는 것을 느낀다. 따라서 내가 제시한 내용을 모든 조직에 똑같이 적용하기는 어렵다. 아마도 처음 팀장을 맡게 되면 마음속으로 '우리 팀은 어떤 팀으로 만들 거야'라는 다짐을 하게 될 것이다. 신학기가 되면 늘 새로운 결심을 하듯이 말이다. 같은 조직일지라도 팀장의 성향과 가치관에 따라 팀의 특성은 각양각색이다. 쉬운 예로, 회식을 자주 하는 팀이 있는가 하면, 회식을 전혀 하지 않는 팀도 있다. 같은 조직이지만 상반된다. 팀장의 성향에 따라 회식 유무, 회식 스타일, 심지어 회식 장소까지 달라진다. 비단 회식문화뿐만이 아니다. 하나의 예를 든 것일 뿐이다.

그럼에도 불구하고 팀장이 갖춰야 할 리더십을 간단하게 제시한 이유는 실전에 쉽게 적용하기 위해서다. 앞서 언급한 이야기를 모르는 이는 없겠지만, 더욱 중요한 것은 아는 대로 행동하는 것이다.

전국경제인연합회가 여론조사기관 모노 리서치와 함께 MZ세대 827명을 대상으로 '기업인식 조사'를 실시한 결과, 가장 선호하는 기업 경영진의 리더십 유형은 '소통형(77.9%)'인 것으로 나타났다.[13] 소통은 꼭 '말하기'만을 의미하지 않는다. 조직과 긴밀하게 소통하는 팀장(팀 관리), 팀원의 성과와 성장을 위해 적극적으로 소통하는 팀장(팀원 관리), 본인 스스로와 긍정적인 소통을 하는 팀장(자기 관리)의 모습을 의미한다. 2장에 걸쳐 이에 대해 자세히 살펴보도록 하겠다.

TIP

팀장이 갖춰야 할 리더십의 기본기

- 상위 조직과 긴밀하게 소통하여 조직에 기여할 수 있는 목표를 설정하라.
- 팀원들은 자신이 성장하지 못하는 일에 깊이 관여하고 싶어 하지 않는다. 일의 의미를 알려주고, 팀원의 성장과 비전에 대해 솔직한 대화를 나눠라.
- 리더다운 인품을 갖춰라. 당신의 리더십 스타일이 어떠하든, 훌륭한 인품이 바탕이 된다면 팀원들의 존경을 받을 것이다.

팀의 **정체성을**
만들라

탁월한 팀에는 규칙과 심리적 안전감이 있다.

내가 졸업한 중학교는 배구로 아주 유명한 학교였다. 어느 날 한 아이가 전학을 왔는데 키가 무척 컸다. 배구부로 스카우트되면서 우리 중학교로 오게 되었다고 했다. "어떻게 스카우트된 거야?"라고 물으니, 키가 크고 배구에 적합한 체격이라 뽑혔다고 한다. 좋은 신체 조건을 타고나서 운동선수를 하게 된 것이다. 예전에 장미란 선수의 인터뷰에서도 이와 비슷한 이야기를 들은 기억이 있다. 하지만 배구와 역도에는 차이가 있다. 바로 배구는 단체 경기, 역도는 개인 경기라는 것이다. 운동선수에게 공통으로 요구되는 기본적인 체력 조건이 있지만, 그 외에 단체 경기 종목 선수가 가져야 하는 역량과 개인 경기 종목 선수가 가져야 하는 역량은 서로 다르다. 이에 따라 코치진의 역할과 역량도 달라진다. 각 종목에 적합한 신체 조건을 가진 것만으로는 팀의 성과를 이끌 수 없기 때문이다.

아리스토텔레스는 "전체는 부분의 합보다 크다"고 했다. 이 말에 착안해 구글에서는 아리스토텔레스 프로젝트를 진행했다.[14] '탁월한 팀은 무엇이 다를까'에 대한 질문의 답을 찾는 것이 이 프로젝트의 목적이었다. 구글은 조직 내 180개 팀을 조사했으며, 프로젝트팀은 팀 내 다양한 인력 구성 혹은 다양한 팀 관리 규칙 등 많은 데이터를 모아 연구했다. 5년 만에 도출된 결과는 두 가지로 귀결되었다. 탁월한 팀에는 두 가지 공통점이 있었는데, 바로 '팀 내 규칙'과 '심리적 안전감^{psychology safety}'이 존재한다는 것이다.

1. 팀 내 규칙 만들기

단체 경기에서 가장 중요한 것은 룰^{rule}이다. 모든 스포츠가 룰에 근거해 게임을 한다. 나의 아들은 라크로스 고등부 선수로 활동 중이다. 주 3회 훈련을 하다 보니 아들의 팔에는 항상 멍이 들어 있다. 속상한 마음에 "왜 이렇게 매일 다쳐?"라고 물으니, 아들이 말하길 '규칙'이라고 한다. 때리고 맞는 게 과연 규칙인지 의심이 되지만, 경기를 한번 보면 왜 멍이 들었는지 알게 된다. 규칙이 있기에 더 크게 다치지 않고 경기를 진행할 수 있고, 그 규칙에 기반해 승패가 갈린다. 팀도 단체경기와 같다.

규칙은 팀원 모두가 합의해서 결정해야 한다. 규칙은 꼭 명문화하길 권한다. 그렇지 않으면 서로의 생각을 정확하게 알기 어렵다. 팀장이 무엇을 원하고, 팀원이 무엇을 원하는지 암묵적으로 오가는 신호로 받아들인다면 결국 오해만 쌓이고 효율성을 기대하기 어렵다. 새로운 팀의 팀장을 맡았다면 먼저 팀원들과 규칙을 만드는 시간을 갖자. 이때 확인할 내용은 다음과 같다. 이는 하나의 예시일 뿐, 각 팀의 상황에 맞는 내용을 개발하면 된다.

- 우리 팀의 업무 가치관이 어떠하길 원하는가?
- 업무 상황 속에서 원하는 소통 방식은 무엇인가?
- 팀원들과 어떤 관계이길 원하는가?
- 업무의 피드백을 어느 수준까지 원하는가?
- 선호하는 회의 방식은 무엇인가?
- 선호하는 원온원 방식은 무엇인가?
- 동료나 팀장에게 바라는 바가 있다면 무엇인가?

조금 더 구체적으로는 '우리 팀 회의 규칙 5가지', '편안함을 주는 원온원 규칙 3가지' 등 재미있게 네이밍하는 것도 좋은 방법이다. 다음과 같이 가장 쉽게 적용할 수 있는 규칙부터 시작해 보자.

- 금요일 회의를 금지한다.
- 모든 의견은 하나의 소통 툴에 남겨 기록화한다.
- 회의 시 동료의 의견을 경청하고 있다는 표현을 적극적으로 해준다.

미리 합의된 규칙을 따르게 되면 의사결정 과정에서 발생하는 시간 낭비를 줄일 수 있다. 또한 오해가 생기는 것을 미연에 방지해 준다. 새로운 팀원이 영입된다면 이 규칙을 공유하고 얼마든지 새롭게 수정될 수 있음을 알려라. 이에 대해서는 3장에서 구체적으로 다루도록 하자.

2. 심리적 안전감이 존재하는 팀 만들기

구글에서 최고의 성과를 내는 팀은 '심리적 안전감이 높은 규칙'을 갖고 있었다. '안정감'이 아닌 '안전감safety'이다. 이 용어는 하버드 경영대학원의 에이미 에드먼슨Amy C. Edmondson 교수가 처음 제시한 용어로, 심리적 안전감을 "팀에 속한 개인이 비판이나 처벌에 대한 두려움 없이 안전하게 위험을 감수할 수 있는 심리적 상태"라고 정의했다.[15] 현재 내가 속한 팀에서 안전하다고 느껴진다면 그 어떠한 도전도 할 수 있을 것이다. 우리는 결과에 대한 두려움 때문에 쉽게 도전하지 못한다. 심리학자 에이브러햄 H.매슬로Abraham Harold Maslow도 조직에 안전망이 있다면, 직원들은 기꺼이 위험을 감수할 것이라 했다. 팀원들도 마찬가지다. 의견을 내고 싶어도 동료들이 어떻게 반응할지 두려워서 의견을 내지 못하는 팀원들이 분명히 있을 것이다. 실제로 구글의 아리스토텔레스 프로젝트에서 팀원들은 팀 내에서 안전하다고 느낄 때 자연스럽게 입을 여는 것으로 나타났다. "아이디어 회의 중에는 직급이나 경력과 상관없이 평등한 발언권을 가질 것"과 같은 안전감이 높은 규칙[16]이 존재하므로 다양한 의견을 개진할 수 있는 것이다.

우리 팀의 심리적 안전감은 어떠한지 몇 가지 질문으로 측정해 보자. 심리적 안전감 점수는 팀 분위기가 대인관계 위험을 어느 정도 감수하도록 허용하는지 보여주며, 다른 팀원을 신뢰하는 척도로서, 다른 사람에게 손해를 끼치면서 개인적인 이익을 얻으려고 하지 않는 정도를 나타내기도 한다. '전혀 아니다'에 해당하면 1점에 체크하고, '매우 그렇다'에 해당하면 5점에 체크한 후 전체 점수를 합산한다. 점수가 높을수록 심리적 안전감이 높음을 의미한다.[17] 이를 바탕으로 우리 팀에 적합한 안전감이 높은 규칙을 만들어 보자.

질문	점수				
	1	2	3	4	5
1. 우리 팀에서는 위험을 감수하는 것이 안전하다.					
2. 우리 팀의 팀원들은 각종 문제와 어려운 상황을 기꺼이 공유한다.					
3. 우리 팀에는 나의 노력을 일부러 깎아내리려는 팀원이 아무도 없다.					
4. 우리 팀에서 누군가 실수하면 대체로 본인만의 책임으로 전가한다. (역산)					
5. 우리 팀의 팀원들은 종종 다르다는 이유로 다른 사람을 거부한다. (역산)					
6. 우리 팀에서는 다른 팀원에게 도움을 요청하기가 어렵다. (역산)					
7. 우리 팀원들과 함께 일하면 나의 고유한 기술과 역량이 가치 있게 여겨지고 잘 활용된다.					

TIP

우리 팀만의 규칙을 만드는 법

1 원온원을 통해 팀원들의 의견을 듣는다.
2 의견을 취합하여 팀장이 대략적인 규칙을 제시한다.
3 원온원을 통해 정해진 규칙에 대한 의견을 듣는다.
4 공개적인 워크숍 등 자리를 만들어 충분히 논의한 후, 팀원들과 규칙을 공유한다.

팀의 감정도
습관이다

팀장의 감정이 곧 팀의 분위기가 된다.
팀장은 본인은 물론 팀원의 감정 관리에 신경 써야 한다.

어느 강연 프로에서 한 정신과 전문의의 강의를 들은 적이 있다. 자살을 많이 하는 직업에 대한 연구 결과였다. 자살을 많이 하는 직업에 정신과 의사가 포함되어 있었는데, 그 이유는 감정이 전염되어서였다.

감정이 전염되는 사례는 주변에서도 쉽게 볼 수 있다. 지인 중에 작은 가게를 운영하는 사람이 있다. 하루는 그곳에 잠시 들렀는데, 가게 한쪽에서 지인이 직원과 대화를 나누고 있었다. "아까 손님한테 그렇게 짜증을 내면 안 되지. 그런데 왜 그랬어? 무슨 일 있었어?" 지인의 물음에 직원은 그 손님이 들어올 때부터 기분이 나빴다고 답했다. 그 말을 들으면서 뜨끔했다. 나 역시 이와 비슷한 경험이 있기에 이 말이 무슨 뜻인지 이해되었다. 혹시 이와 비슷한 경험을 해 본 적은 없는가?

한 시중 은행의 텔러들을 대상으로 한 교육에서 이 에피소드를 공유했다. 모두가 공감한다고 했다. 영업장에 들어오는 고객들에게는 일종의 에너지가 있다고 한다. 그들이 발산하는 감정이 고스란히 전달된다는 것이다. 물론 프로인 우리들은 그 감정을 모두 받아들이지는 않지만, 프로이기 이전에 모두가 사람이다. 유쾌하고 밝은 표정의 고객에게는 친절한 말투가 나가지만, 퉁명스럽고 어두운 표정의 고객에게는 나도 모르게 불친절한 말투로 응하게 된다.

펜실베니아 와튼스쿨에서 조직심리학을 연구한 시걸 G. 바세이드Sigal G. Bardase 교수는 주로 조직 내 감정, 리더십, 그리고 조직 문화와 관련한 연구를 수행했다. 그중 감정 전파Emotional Contagion 가 주 관심사다. 바세이드 교수는 실험에서 94명의 학생을 2~4명씩 29개 팀으로 나누고, 각 팀에는 한 명의 연기자를 포함시켰다. 그리고 특정 주제에 대해 발표하는 상황을 설정한 후 연기자들에게 제일 먼저 발표시켰다. 연기자들은 제각기 주어진 감정이 있었다. '밝은 감정', '짜증 나는 감정', '기운 없는 감정', 그리고 '부드러운 감정' 중 하나가 확실히 드러나도록 지시를 받았다. 발표 후 비디오 촬영과 설문조사 등을 통해 밝혀진 결과는 팀 발표자의 감정이 다른 사람들에게 전염되었으며, 긍정의 감정과 부정의 감정의 전염력에는 큰 차이가 없었던 것으로 나타났다. 긍정의 감정, 부정의 감정 모두 같은 수준으로 전염이 되었다는 것이다.

이처럼 감정은 쉽게 전염되며 팀장의 감정 역시 팀의 분위기를 좌우한다. 물론 반대로, 팀원의 감정이 팀의 분위기가 되는 경우도 있다. 따라서 팀장은 자신의 감정은 물론 부정적이거나 분노에 찬 팀원의 감정도 관리해야 한다. 카트릭 라만나Karthik Ramanna는 영국의 옥스퍼드대학교에서 '분노의 시대에 경영하기'라는 과목을 강의한다. 그는 부정의 감정이나 분노의 임상적인 근거, 그리고 이를 잘 관리하는 방법에 대해서 연구한다. 연구에 따르면 팀의 감정이 부정적으로 흐르는 것을 막기 위해서는 부정의 감정이나 분노를 임상적으로 인정하는 작업이 우선되어야 한다. 그다음 분노 상승 신호가 보이면 즉시 팀 공동의 행동 절차를 만들어 시행해야 한다.

일반적으로 일상에서 '분노조절장애'라 불리는 것은 의학용어로 '충동조절장애'의 일종이며 정식 명칭은 '간헐적 폭발 장애 Intermittent Explosive Disorder, IED'이다. IED는 '좌절에 대해 과민성, 분노 폭발, 파괴적 행동으로서의 지속적 반응'이 특징인 수동공격성 성격과 폭발적 성격이 있다. IED는 급속히 발병하고 단기간

지속된다는 특징이 있다. 반복적으로 언어적 공격성이나 행동의 폭력성이 보인다면 IED를 의심해 볼 필요가 있다. IED의 주요 원인으로는 유전적 요인, 신경 전달 물질의 불균형(기분과 공격성을 조절하는 세로토닌 및 도파민 등의 불균형), 양육 과정, 만성 스트레스, 성격 특성 등이 있다.

최근 많은 대기업에서는 관리자들의 '분노 테스트'를 진행한다. 분노의 임상적인 근거를 찾으려는 노력을 시작한 것이다. 분노를 일으키는 근본적인 원인이 무엇인지, 분노가 일어나기 전 신체 증상은 어떠한지(심박수 증가, 발한, 떨림, 등), 분노의 표출 방법은 어떠한지(공격적인 언어, 욕설, 장황한 비난, 파괴적인 행동 등)를 관리하고 공동의 규칙을 만든다. 다양한 연구와 경험이 있는 카트릭 라만나 교수가 개발한 방법 역시 팀 공동의 규칙을 개발하는 것이다.

팀장이 감정과 관련하여 알아둬야 하는 내용이 있다. 물리적인 환경, 즉 덥고 습한 방에 있을 때는 환기가 잘 되는 방에 있을 때보다 화를 낼 가능성이 더 높다. 또한 인지적 추론을 쓸 수 있는 자원이 제한되어 있을 때 감정이 행동을 주도할 가능성이 커진다. 분주하거나 산만한 뇌는 감정에 쉽게 동요되고, 위기 상황에서 공격적으로 반응하게 된다. 따라서 흥분된 상황에서는 의사결정을 미뤄야 한다. 차라리 "커피 한잔하고 진행합시다" 하고 잠시 쉬는 시간을 갖는 것이 더 좋은 방법이다. 팀의 감정을 평균

치로 유지하기 위한 규칙이라고 보면 된다. 그렇다면 팀 내에 긍정의 감정을 전파하려면 어떻게 해야 할까?

긍정의 감정 만들기

심리학자 필립 브릭먼Philip Brickman은 두 집단을 대상으로 감정 습관 연구를 진행했다. 복권에 당첨된 사람들의 당첨 직후 행복도를 조사한 결과 당연히 행복지수가 상승했고, 반대로 사고로 장애를 갖게 된 사람들의 사고 직후 행복도를 조사한 결과 행복지수가 급격히 하락한 것으로 나타났다. 그런데 이들의 행복도를 주기적으로 조사해 보니 일정 시간이 지난 후에는 자신의 원래 감정 습관으로 되돌아온 것을 발견했다. 이 실험을 통해 '감정은 습관'이라는 결과가 도출되었다.

누구나 지인 중 한 명쯤 투덜이가 있을 것이다. 만나면 신세 한탄을 하고, 투덜거리고, 누군가의 뒷담화를 하는 투덜이 말이다. 내가 투덜이라고 상상해 보자. 복권 10억에 당첨된다면 그 순간 행복도가 올라갈 것이다. 하지만 일정 시간이 지나면 다시 투덜이로 돌아와서 "남들은 50억, 100억도 되는데, 10억이 뭐야. 세금 떼니까 얼마 되지도 않네"라고 투덜댈 거리를 찾아낼 것이다. 이처럼 개인은 자신이 갖고 있는 감정 습관에 따라서 상황을 해석한다.

하루는 내가 사는 곳인 분당에서 서울의 삼청동으로 출강을 가게 되었다. 월요일이라 차가 막혔고, 비가 많이 왔다. 강연장에 도착하니 나를 맞이해주는 교육담당자분께서 "비가 와서 오시느라 힘드셨죠? 왜 월요일부터 비가 온대요."라며 약간의 푸념을 하셨다. 잠시 후 한 교육생이 나에게 말을 건넸다. "강사님, 비가 와서 덜 덥죠? 이제 가을이 되나 봐요." 나도 모르게 얼굴에 미소가 번졌다. 같은 상황이지만 개인의 감정 습관에 따라서 상황을 서로 다르게 해석하는 것이다.

나의 감정 습관은 어떠한가? 긍정적인가, 부정적인가? 현재의 감정 습관이 어떠하든 상관없다. 이제부터 이를 긍정으로 변환시키면 된다. 그런데 감정은 어떻게 하면 변환시킬 수 있을까. 흔히들 "마음먹기에 달려 있으니, 긍정적으로 생각해요"라고 한다. 마치 감정이 개인의 의지에 달린 양 말이다. 그러나 이제는 모두가 잘 알고 있듯이, 행동이나 감정은 모두 뇌의 기능이다. 뇌에서 '이렇게 움직여', '이런 감정을 느껴'라고 지시하는 것이다. 따라서 좀 더 과학적으로 감정을 변환하는 방법을 다뤄보겠다.

행동이나 감정은 뇌의 기능이라 했다. 그렇다면 뇌는 어떻게 만들어지는 것일까. 바로 유전과 양육 과정에 의해 발달한다. 유전적인 요소와 성장 환경을 통해 우리의 뇌는 지금의 모양을 갖게 된 것이다. 한국에서 행복을 연구하는 연세대학교 서은국 교수는 한 인터뷰에서 행복을 "DNA 정보"라고 했다. 행복 또한 뇌의 작용이자 유전이라는 것이다. 나와 나의 배우자가 키가 작다면 우리 부부의 자녀는 키가 작을 가능성이 크지만, 그렇다고 해서 우리는 자녀의 키를 포기하지 않는다. 어떻게든 키를 키워보려고 몸에 좋은 음식을 먹이고 운동을 시킬 것이다. 일란성 쌍둥이를 대상으로 진행한 종단 연구에 따르면, 행복 수준의 50% 정도만 유전적으로 결정된다는 사실이 밝혀졌다. 일란성 쌍둥이는 유전 정보가 같지만, 그들의 행복지수는 같지 않았다. 이 같은 이유에서 실험은 계속되었다. 뇌과학자들은 뇌의 변화 가능성을 '뇌 가소성'이라고 부른다. 인간의 뇌는 말랑말랑해서 나이와 상관없이 얼마든지 바뀔 수 있다는 것이다. 《스스로 치유하는 뇌》의 저자인 심리학자 노먼 도이지Norman Doidge는 나이가 들어서 머리가 굳었다는 생각은 잘못됐다고 말한다. 뇌는 다양한 방법과 노력으로 변화될 수 있고, 이미 많은 연구를 통해 밝혀진 방법들이 존재한다.

뇌의 긍정성을 높이는 3가지 방법

심리학에서는 긍정 정서를 높여주는 다양한 방법들을 발견해 냈다. 그중 3가지 방법을 이야기하려 한다. 첫 번째는 감사 일기, 두 번째는 운동, 세 번째는 명상이다.

뇌의 긍정성을 높이는 방법 중 첫 번째는 감사 일기를 쓰는 것이다. 심리학에서는 '감사 심리학'이라는 연구 분야가 있을 정도로 '감사 일기'는 심리학에서 이슈인 주제이다. 이 훈련 효과는 심장을 신경기관의 하나로 연구하는 '신경심장학'이라는 학문 분야를 통해 입증되었다. 인생에서 감동적이었던 순간을 떠 올려보라. 대학에 합격하는 순간, 취업하는 순간, 사랑하는 사람을 만나서 결혼하는 순간, 첫 아이가 태어나는 순간 등은 인생에서 잊지 못할 감동을 주는 순간들이다. 이 순간들을 떠올렸을 때 가슴이 따뜻해지거나 심장이 두근거리는 경험을 해본 적이 있을 것이다. 이러한 신체적 반응을 어떻게 설명해야 할까?

신경심장학에 따르면 심장과 뇌는 서로 정보를 밀접하게 주고받는다고 한다. 두뇌의 지시에 따라 심장이 마구 뛰기도 하지만, 반대로 심장이 심하게 뛰어서 그 정보가 감정에 영향을 미치기도 한다는 것이다. 신경질적이고 흥분을 잘하는 사람의 경우, 화내고 짜증 낼 때 말도 빨라지고, 모든 행동이 빨라진다. 그 순간 심장 박동수도 빨라진다. 이런 사람들은 화가 나서 심장 박동수가 불규칙해진 것일 수도 있지만, 불규칙한 심장 박동수가 그 사람을 불안하고 짜증 나게 만들었을 수 있다. 다시 말해서 심장이 약하다 보니 평소에 부정적인 감정이 더 자주 일어난다고 할 수 있다. 이에 학자들은 '그러면 심장박동수를 일정하게 유지하면 되지 않을까?'라는 생각을 하게 되었고, 이와 관련한 많은 실험이 진행되었다. 실험을 통해 피실험자들은 아무것도 하지 않으면서 쉬거나, 잠을 자거나, 여행을 다녀보는 등 다양한 상황에 자신을 노출했다. 그중 심장박동수를 일정하게 유지하는 가장 효과적인 방법은 바로 '감사하는 마음'이었다.

행복 전문가 소냐 류보머스키Sonja Lyubomirsky 교수는 두 개의 그룹을 대상으로 6주간 감사하기 훈련의 효과를 비교하는 실험을 진행했다. 한 그룹은 매주 감사일기를 쓰게 했고, 또 다른 한 그룹은 3주에 한 번씩 쓰게 했다. 3주에 한 번씩 감사일기를 쓴 그룹은 아무런 효과가 없었고, 매주 작성한 그룹에서만 긍정적인 효과가 나타났다. 요컨대, 긍정 정서를 만들기 위해서는 규칙적이고 의도적인 훈련이 필요하다. 미국의 명 MC인 오프라 윈프리도 10여 년째 감사일기를 쓰는 것으로 알려져 있다.

긍정의 뇌를 만드는 두 번째 방법은 운동이다. 긍정 심리학을 주제로 한 연세대학교 김주환 교수의 책《회복탄력성》에서는 긍정성을 위해 운동을 권한다. 앞서 심장이 약해서 부정적인 감정이 일어날 수 있다고 언급한 바 있다. 이 책에서는 운동을 통해 심장을 강화해야 한다고 말한다. 약간 숨이 찰 정도의 유산소 운동을 통해 심장을 건강하게 만들면 긍정의 감정을 키울 수 있다. 이를 위해 일주일에 세 번 30분 이상의 운동을 해야 한다. 이때 햇볕을 쬐면 더 효과적이다.《우울할 땐 뇌과학》의 저자이자 우울증 전문가인 앨릭스 코브Alex Korb는 햇빛이 세로토닌 생성을 돕는데, 세로토닌은 기분을 좋아지게 만들고, 목표를 세우는 능력, 나쁜 습관을 피하는 능력과 관련이 있다고 했다. 감사하기와 운동을 약 3개월 정도 규칙적으로 병행하면, 부정적이고 비관적인 사람도 긍정적인 뇌로 바뀔 수 있다. 실제로 운동은 뇌 안의 혈액 순환을 좋게 하므로 스트레스를 감소시키고 사고 능력을 증진해 주는 효과가 있다.

긍정의 뇌를 만드는 세 번째 방법은 바로 명상이다. 존스홉킨스대학교의 소아정신과 지나영 교수는 "릴랙스된 몸에 불안이 올 수 없다"고 말한다. 이는 정신과에서 아주 유명한 말이며, 호흡을 가다듬고 자신에게 집중하는 명상이야말로 불안 또는 부정적인 감정을 잠재울 수 있는 또 하나의 효과적인 방법이다. 최근 기업에서도 명상 교육을 도입하거나, 강의실을 명상실로 꾸며 놓은 사례들을 종종 보게 된다. 유튜브에 조금만 검색을 해 보면 명상과 관련한 영상이 많으므로 이 책에서는 명상 방법을 따로 언급하지 않겠다. 위에서 언급한 김주환 교수님의 유튜브 채널에서도 운동과 명상 방법을 다룬 영상을 볼 수 있다.

TIP

감정을 긍정적인 상태로 유지하는 법

● 매주 감사일기 쓰기
● 일주일에 세 번 30분 이상 운동하기
● 명상하기

더 큰 **성과**를 원한다면
팀으로 움직여라

팀의 성과를 팀장 개인의 성과라 착각하면 안 된다.
그 노고를 팀원 모두에게 돌려야 한다.

팀장은 팀의 성과를 끌어내야 한다. 팀장이 팀의 성과를 끌어내지 못하는 이유는 크게 두 가지다. 바로 팀장 본인이 워낙 고성과자로 일을 도맡아 하는 경우와 팀원의 공을 가로채 일할 의욕을 꺾는 경우이다. 리더의 덕목을 꼽으라고 하면 빠지지 않는 것 중하나가 바로 '솔선수범'이다. 하지만 시대가 변해 농업적 '근면성'이 더 이상 칭찬이 아니듯, 팀장의 '솔선수범'으로는 팀의 성과를 이끌지 못하며 팀원의 성장도 바랄 수 없다.

팀장 한 명의 성과가 팀의 성과가 되면, 팀원들은 팀장에게 점점 의지하게 된다. 말 그대로 '호구' 팀장이 되는 것이다. 경제학에는 '낙수 이론trickle-down theory'이라는 것이 있다. "고소득층의 소득 증대가 소비나 투자의 확대로 이어져 결국 저소득층의 소득도 증가하게 된다"는 이론이다. 재벌이나 부유층을 우대하는 경제 정책들이 고용 증가를 낳거나 경제적 파급 효과를 불러올 것이라는 이론인데, 실제로는 양극화를 부추긴다는 비판이 더 많다.

팀 내에서도 낙수 이론이 작용한다. 팀장이 열심히 일하면, 다시 말해 팀장이 본인 중심적으로 일을 하면 결국 팀에도 좋은 영향을 미칠 것이라는 생각이다. 잘못된 생각은 아니다. 하지만 바람직한 생각은 더욱 아니다. 팀원들의 성장에 도움이 되지 못하고, 팀장 개인의 성과 위주로 흘러가는 팀의 문화는 더 큰 시너지를 내는 데 방해될 뿐이다. 리더가 개인의 성과가 아닌 팀 전체의 성과에 초점을 맞출 때 결과적으로 몇 배 높은 성과가 나온다는 연구 결과가 있다.[18]

기업들은 대외 이미지 제고를 위해 다양한 프로젝트를 진행한다. 한 대기업에 과장으로 재직하고 있던 지인은 '기업 대외 수상관리 프로젝트'팀에서 일하게 되었다. 팀 내에서 팀원들은 각자 업무를 분담해서 진행했다. 누군가는 타 부서와 협의하는 일을 담당했고, 지인은 보고서에 들어갈 자료들을 취합하는 동시에 400페이지 분량의 보고서 작업을 했다. 보고서 작업을 직접 하다 보니 그 어떤 팀원들보다 해당 내용에 대해서 잘 알고 있었고,

프레젠테이션을 위한 스크립트도 직접 작성했다. 하지만 상대적으로 많은 일을 하지 않은 팀장이 프레젠테이션에 나섰고, 프레젠테이션 장에서 그 팀장은 본부장으로부터 큰 칭찬을 받았다. 결과는 대상이었다. 하지만 팀장은 팀원들의 노고를 임원들에게 알리거나 팀원들에게 격려의 말을 하지 않았다고 한다. 포상으로 유럽의 콘퍼런스에 참가할 기회가 주어졌지만, 여럿이 갈 수는 없는 노릇이고 당연하다는 듯 팀장이 다녀왔다고 한다. 팀원들은 현지 기념품 하나 받지 못했다. 물론 대가를 바라고 일을 하는 건 아니지만, 팀원의 공을 가로채는 팀장에게 좋은 마음이 들리 없다. 다음번 프로젝트에서 이 지인은 해당 프로젝트를 못 하겠다고 손을 들었다. 팀장은 팀원들의 협업을 끌어내지 못했고 결국 프로젝트는 중단됐다. 팀장이 프로젝트 전면에 나서서 직접 개입하지 않았기 때문에 프로젝트의 진행 상황도 잘 모를뿐더러, 팀원들 관리도 제대로 하지 못한 것이다. 그 사이에 팀원들 간에 갈등도 발생했지만, 팀장은 자신에게 피해가 갈까 봐 이를 모른 척했다.

팀원들은 하나의 목표를 향해 다 같이 달려가야 하며, 그 중심에 팀장의 역할이 있다. 대상이라는 좋은 결과를 낸 것에 대해 팀장이 팀원들의 기여를 인정해 줬다면, 다음 프로젝트에서 더욱 의기투합할 수 있었을 것이다. 팀장 개인이 고성과자라 혼자 열심히 모든 일을 해내는 것도 팀장의 올바른 역할이 아니지만, 관리자 역할을 제대로 하지 않은 채 팀원들의 공을 가로채거나 팀원들을 관리하지 않아 팀 분위기가 와해되도록 방치하는 것은 더욱 잘못된 행동이다.

더 큰 성과를 원한다면, 팀으로 움직여야 한다. 히트를 친 드라마를 만든 유명한 작가들도 모두 혼자서 그 일을 해내는 건 아니다. 모두 팀을 이뤄서 일을 한다. 각 캐릭터에 대한 조사 및 연구, 저작권과 관련한 사항들, 사실 고증 및 내용 감수 등을 팀을 이뤄서 한다. 팀장 본인만 유능하다고 해서 팀이 굴러가지 않는다. 팀원의 능력을 인정해 주고 충분한 참여의 기회로 팀원이 자신의 역량을 최대한 발휘할 수 있는 팀을 만들어야 한다.

TIP

1 **솔선수범하여 호구 팀장이 되지 말자.**

   팀원의 역량을 이끌면 더욱 큰 시너지를 낼 수 있다. 모든 일을 혼자 처리하려고 하지 말고, 함께 일할 수 있도록 팀원들을 격려하자.

2 **고성과자 팀장의 가장 큰 실수는 자신만의 방식을 고수하는 것이다.**

   자신의 방식을 강요하기보다 다양한 방법을 시도할 수 있도록 팀원들에게 기회를 주라. 특히 대기업에서 스타트업이나 중견기업으로 이직한 경우 하게 되는 가장 큰 실수가 있다. 바로 이직한 회사의 업무 스타일을 인정하지 않는 태도이다. 시스템화가 더욱 잘 된 대기업의 스타일을 적용하려 할 때, 기존의 구성원들은 반감이 따를 수밖에 없다. 절대로 하지 말아야 하는 말은 다음과 같다. "지금까지 이런 방식으로 업무 처리를 했나요?" 스타트업 혹은 중견기업을 키워오느라 고생했다는 표현이 적합하다.

3 **팀원들의 기여를 명확히 인정해 주라.**

   누구나 인정받을 때 일할 맛이 난다. 각자 자신의 강점과 재능이 있다. 이를 잘 살피고 자신의 강점과 재능을 발휘할 수 있는 기회를 주자.

모든 팀원을
공평하게 대하라

혹여나 내가 편애하는 팀원은 없는가?
편애는 팀원들의 협업뿐만 아니라 공정한 평가를 방해한다.

그동안 대학에서 시간강의를 10년 넘게 해왔다. 나도 인간인지라, 수많은 학생들 중에서 유독 예쁜 학생이 있다. 100점 만점에 중간고사 30점, 기말고사 40점, 출석 10점, 과제 10점, 그리고 평소 태도 점수 10점, 이런 식으로 평가 항목 안에 '평소 태도 점수'를 두는데, 태도 점수를 평가할 때 나의 주관적 개입이 들어갔던 경우가 없다고는 말하기 어렵다. 과연 당시 나의 평가가 공정했었는지 가슴에 손을 얹고 되돌아보게 된다.

팀장도 마찬가지이다. 팀장이기 이전에 인간인지라, 어떤 사람을 좋아하고, 어떤 사람은 덜 좋아하고 분명히 그런 개인적인 감정이 들 수 있다. 하지만 이를 절대 겉으로 티 내서는 안 된다.

평소에 잘 알고 지내는 팀장이 있다. 이 팀장이 재직 중인 곳은 회사의 특성상 여성이 더욱 많은 조직이다. 남성 팀장인 L팀장은 몇 안 되는 남성 팀원들이 조직 내에서 잘 버텨주기를 간절히 바라고 있었다. 남성, 여성을 떠나 남녀 비율이 적정선에서 유지되어야 조직 내 다양성을 유지할 수 있기 때문이다. 산업군의 특성상 여성 팀원이 더 많을 수밖에 없는 구조라, 남성 직원들이 적응하지 못하는 경우가 종종 있다고 했다. 그런데 문제는 다른 데 있었다. L팀장이 여성 팀원들을 부를 때에는 "○○씨" 하다가 남성 팀원들을 부를 때에는 "우리 ○○○"라고 부르는 게 아닌가. 이해하기 어려웠다. 같은 남성이기에 조금 더 편안해서 그렇게 부르는 것인가?

하루는 의구심에 질문을 했다. "팀장님, S대리님 부르실 때만 '우리'라는 말을 사용하시던데요. 알고 계세요?"

"남성들이 자꾸 이직하니까, 내가 보호를 해줘야 해요. 그리고 S대리 너무 이쁘지 않아요?"

같은 남성이라 부담 없고 친해서 그렇게 불렀던 것이 아니라, 실제로 L팀장은 그 팀원을 편애했던 것이다. 문제는 여기서 끝이 아니었다. 나와 식사를 하는 자리에는 꼭 해당 팀원과 함께 동석했고, 법인카드를 사용해 먹는 것까지 챙겨주었다. 법인카드 내

역을 확인하는 직원이 이 사실을 알고, 회사에 소문이 자자한 적이 있었다고 한다.

팀원들의 협업을 도모하는 것은 팀장의 역할 중 아주 중요한 부분이다. 팀원의 협업을 이끌기 위해서 팀장은 모두에게 공평하게 대해야 한다. 과연 나는 팀원들을 공평하게 대하고 있는지 아래의 체크리스트를 통해 확인해 보자.

- 모두에게 똑같은 호칭을 사용하는가?
- 팀원들과 면담을 각각 몇 번씩 했는가?
- 주로 누구와 식사하는가?
- 개인적인 이야기를 일부 팀원들에게만 하지는 않는가?
- 업무 노하우를 개인적으로 가까운 팀원에게만 알려주지는 않는가?

팀장과 팀원이 너무 친하면 공과 사를 구분하기 어려워진다. 서로 상사와 후배의 관계이기보다는 친구나 형제처럼 허물없이 대하게 되는 경우도 있다. 팀장과 팀원이 편하게 지내는 것이 나쁜 것은 아니지만, 공과 사를 구분해야 한다. 팀장과 팀원이 너무 친해지면 두 가지 문제점이 발생한다. 바로 공정한 평가와 협업을 방해하는 것이다. 팔은 안으로 굽는다. 아무래도 팀원과의 친밀도에 따라 평가에 주관적인 감정이 개입된다. 평가를 후하게 주기도 하지만, 그 반대의 경우도 있다. 개인적으로 친하다고 생각했던 후배가 객관적인 평가를 인정하지 못하고 불만을 강하게 표시하기도 한다. "형님, 아우 할 때는 언제고, 평가가 이게 뭐야?"라고 말이다.

주관적인 감정이 개입되면 팀원들 간의 협업에도 문제가 생긴다. 개인적으로 친해지면, 팀장과 팀원은 서로 비밀 이야기나 사적인 이야기를 하게 될 수 있다. 팀장과 개인적으로 친밀한 팀원은 다른 팀원과의 관계에도 어려움이 생길 수 있다. 팀장에게 어떤 이야기가 전해질지 두려워 모두가 입조심을 하게 되기 때문이다. 너무 많은 대화를 나누다 보면 하지 말아야 하는 다른 팀원들의 뒷담화를 하게 될 때도 있다. 관계가 좋을 때야 그 어떤 말을 나누든 무슨 상관이랴. 하지만 사람 관계는 어찌 될지 모르므로 항상 조심해야 한다.

TIP

공과 사가 분명할 때, 공정한 평가와 협업이 가능하다.

- 회사는 일을 하는 곳이다. 사적인 공간이 아님을 기억하라.
- 공적인 호칭을 사용하라.
- 지금의 관계가 영원할 것으로 생각하지 마라.
- 스스로 공정한 기준을 세우고 모두에게 공평하게 대하라.

조직 내 모든 팀과 적극적으로 소통하라

조직 내 업무는 다양한 팀과 유기적 관계 속에서 존재한다.
팀장은 유관부서와 적극적으로 소통해야 한다.
이는 곧 나의 팀원들이 타 팀과 원활한 협업을 할 수 있도록 도와준다.

먼저 입사한 M팀장은 나보다 세 살 어렸다. 어떤 문제가 시작이었는지 잘 기억나지 않지만 관계가 좋지 못했다. 서로 다른 업무를 하기 때문에 소통할 기회가 많지도 않았지만, 모든 부분에서 내 기준에 맞지 않는 팀장이었다. 업무 시간에 대학원 과제를 하거나, 9시에 업무가 시작되는데 9시 1분에 출근을 하고, 너무 성의 없는 복장으로 출근하는 등 하나부터 열까지 나는 M팀장이 참 마음에 들지 않았다.

하루는 우리 팀에서 회사의 큰 행사를 진행하게 되었다. 우리 팀 인력만으로는 부족했고, 인원 보충이 요구되는 상황이었다. 그 업무에 M팀장의 팀원 중 Y팀원이 적합하다는 생각이 들었다. Y는 이전에 나와 함께 비슷한 업무를 해 본 경험이 있었기 때문이다. 하지만 M팀장에게 말을 꺼내기가 싫었던 나는 대표님께 직접 말씀을 드렸다. '대표님이 제일 높은 분이니 알아서 지시를 내리실 것'이라는 짧은 생각을 했다. "대표님, M팀장의 팀원 중에 Y를 이번 행사에 투입시키는 건 어떨까요? M팀장한테 말씀 좀 해주세요."

그러자 대표님의 차가운 답변이 돌아왔다. "그걸 왜 나한테 말해?"

맞는 말이었다. M팀장에게 상황을 설명하고, Y에게 의향을 물어봤어야 할 일이었다.

"M팀장님, 이번 ○○행사에 인력이 조금 부족해요. Y가 예전에 저랑 같이 일해 본 경험이 있는데, Y팀원 요즘 업무가 많이 바쁜가요?" 이렇게 물어보는데 정말 나쁜 사람이 아니고서야 "Y는 바빠서 안 돼요. 내 팀원이에요"라고 할 팀장이 어디 있겠는가? 결국 퇴사할 때까지 M팀장과의 관계를 해결하지 못했고, 나와 M팀장의 불편함은 각 팀의 팀원들에게 고스란히 전달되었다.

바로 부서 이기주의, 사일로Silo 현상이 내 팀에서 발생한 것이다. '사일로'는 곡식을 저장해두는 큰 탑 모양의 창고이다. 곡식을 보관하기 위해 외부와 철저히 차단된 저장 시설인데, 기업에서 조직의 각 팀들이 사일로처럼 서로 다른 팀과 담을 쌓고, 자기 팀의 이익만 추구하는 현상을 말한다. 팀 간 경쟁을 해야 해서, 혹은 팀장들끼리 관계가 좋지 못해서 발생하는 현상이다. 가장 대표적으로 소니와 과거 마이크로소프트의 사례는 아주 유명하다. X세대라면 모두 소니의 워크맨을 기억할 것이다. 바이오라는 노트북까지 히트템을 줄줄이 출시하던 소니가 예전의 명성을 잃은 이유는 디지털 음악 혁명의 기회를 놓친 것이 가장 큰 원인이다. 사내 경쟁이 심했던 소니의 각 부서는 서로 정보를 공유하지 않았고, 제품과 플랫폼, 전략에 관한 의견을 하나로 모으지 못했다. 마이크로소프트 역시 조직 내 만연한 사일로 현상으로 인해 위기를 경험하게 된다. 이에 2014년 사티아 나델라Satya Nadella가 새로운 CEO로 부임하게 된다. 취임 초기, 그가 '하나의 마이크로소프트'를 강조하며 조직 혁신에 힘쓴 일화는 아주 유명하다.

팀 간 선의의 경쟁으로 원윈win-win을 끌어내야 하지만, 팀 평가가 이루어지다 보니 보통은 상대 팀을 도와주려고 하지 않는다. 하지만 팀의 목표보다 조직의 목표가 우선이다. 우리는 공동의 목표를 추구해야 한다는 것을 기억하자. 우리 팀도, 경쟁 관계에 있는 옆 팀도 모두 성장해야 우리 조직이 성장한다.

팀장은 조직 내 모든 팀과 적극적으로 소통해야 한다. 조직 내 모든 팀과 원활하게 소통하기 위해 가장 선행되어야 하는 건 팀장들 간의 수평적이고 우호적인 관계이다. 나이가 어리고 경력이 짧다는 이유로, 여성이라는 이유로, 공채 출신이 아니라는 이유로, 성과가 부실한 팀이라는 이유로, 서로 이해관계가 얽힌 팀(예를 들어 R&D팀 vs 마케팅팀)이라는 이유로 소통이 단절되어서는 안 된다. 우리 팀이 더 나은 팀이라고, 혹은 그 반대의 이유로 서로 불편함을 느끼게 된다면 조직의 큰 목표와 비전에 도움이 되지 못한다. 결국 모든 팀이 한배를 탄 관계이다.

내가 협업해야 하는 유관 팀의 수를 세어 보자. 아마도 몇 안 될 것이다. 친한 친구가 재직하고 있는 회사를 예로 들어보겠다. 이곳은 400명 규모의 외국계 광고회사이다. 1명의 CEO, 9명의 임원, 그리고 58개의 팀이 존재하고, 58명의 팀장이 있다고 한다. 팀 규모는 너무나 다양하다. 작게는 1명의 팀원부터 많게는 20명의 팀원까지 있다고 한다. 이들 58명의 팀장 간의 관계가 모두 긍정적이면 좋겠지만, 사실상 업무에서 협업해야 하는 규모는 3팀에서 5팀 정도이다. 적어도 이 팀의 팀장들과는 좋은 관계여야 하지 않을까.

대기업 연수원 개발팀에서 일하는 Y팀장은 교육 콘텐츠를 개발하는 업무를 수행한다. Y팀장의 목표는 여러 교육과정을 개발하는 것이다. 같은 조직의 마케팅팀 A팀장은 개발된 교육 콘텐츠를 판매해야 한다. 해당 과정에 대해 제안서를 작성하고 경쟁 PT에 참여하고, 고객들에게 교육에 대해 설명하고 설득해야 한다.

교육 운영팀의 L팀장은 실제 교육이 운영되면 교육 운영 전반을 담당한다.

Y팀장의 올해 KPI가 10개의 교육과정을 개발하는 것이라면 과정 개발만 하면 끝이다. 마케팅의 A팀장은 10개 교육을 20개 고객사에 판매해야 한다. 그런데 여기서 문제가 생긴다. 직접 개발에 참여하지 않다 보니 고객사를 위한 적합한 제안서를 작성할 때나 프레젠테이션을 할 때 어려움을 겪는다. Y팀장에게 교육과정의 자세한 설명을 요구했지만, 서로의 지식수준이 달라 이해가 쉽지 않다. 어렵게 교육 수주로 이어지면 운영팀 L팀장은 교육생에게 연락하고, 장소를 섭외하고, 차량을 수배하고, 강사 배정, 간식 세팅까지 다양한 업무를 담당하게 된다.

그럼 각 팀장의 KPI는 10개 교육과정 개발, 20개 교육과정 수주, 강의 만족도 4.8 이상 등이 될 텐데, 이 목표들은 조직의 목표일까, 팀의 목표일까, 아니면 팀장 개인의 목표일까? 모든 업무가 유기적으로 연결되어 있으므로 조직의 목표라 할 수 있다. 따라서 3개 팀의 팀장들은 서로 적극적으로 소통하고 도움을 주고받으며 공동의 목표를 달성할 수 있도록 협력해야 한다.

Y팀장이 다른 곳으로 이직하면서 나와 친한 선배가 해당 업무를 담당하게 되었다. 이 선배는 교육과정을 개발하고, 마케팅팀의 업무인 경쟁 PT를 함께 다녔다고 한다. 결과는 당연히 좋았다. 개발에 직접 참여한 사람이 PT를 하는 게 당연하지 않겠는

가. 개발팀은 마케팅팀과 함께해야 했다. 그뿐만 아니라, 고객사가 원하는 니즈를 정확히 운영팀에 전달하고 효과적인 교육 진행을 위해 적합한 교보재를 선택할 수 있도록 관련 내용도 운영팀에 잘 전달해야 한다. 서로 다른 팀이니 서로의 목표가 다르다고 생각한 것부터 잘못된 발상이다. 유관 팀과의 적극적인 소통은 나의 팀원들에게 긍정적인 영향을 미친다. 팀원들의 성과에도 도움되는 것은 물론 타 팀과의 협업 능력을 향상시키고, 다양한 일을 경험하면서 팀원도 성장할 수 있다. 만약 대기업에서 다양한 팀과 협업을 경험한 팀원이 스타트업이나 상대적으로 작은 규모의 조직으로 이직하게 된다면, 협업을 통해 배웠던 모든 업무를 총괄할 수 있는 교육담당자가 되기에 충분할 것이다.

현재 협업하고 있는 팀의 팀장, 그리고 앞으로 협업하게 될 팀의 팀장 명단을 작성해 보자. 이제부터 우호적인 관계를 만들기 위한 전략을 구상하는 것이다. 수평적 관계를 만드는 데 가장 중요한 건 '시간의 투자'이다. 캔틴canteen에서 만나게 되면 먼저 인사말을 건네 보자. 간단한 안부 인사나 업무에 관심을 표현하는 말 한마디도 좋다.

TIP

유관 팀과 효과적으로 소통하는 기술

1 팀별 업무를 공개하는 시간을 가져라

조직의 규모에 따라 다르겠지만, 적어도 유관팀은 팀장을 포함한 모든 팀원이 정기적으로 만나서 서로의 업무에 대해 공개하는 시간을 가져야 한다. 한 달에 한 번이든 분기별로 한 번이든, 정기적으로 어떤 업무를 진행하고 있으며, 업무의 로드가 어느 정도 되는지 등에 대해 공개하는 시간을 갖자.

일례로, 글로벌 기업 메타에서는 일주일에 2~3시간 '크리티크 타임 critique time'을 마련하고 서로의 업무 지식과 경험을 공유한다. 이 시간을 통해서 서로에게 받고 싶은 피드백을 요구하기도 한다. 서로 연결된 프로젝트라면 참고 자료를 공유하고, 문제가 있다면 해결책도 같이 논의한다. 당장의 문제 해결뿐만 아니라, 서로 성장할 수 있는 노하우와 스킬까지 배울 수 있는 귀한 시간이다.

2 공동의 목표를 팀원들과 자주 공유하라.

팀장 개인의 성과가 아니라, 팀과 조직의 성과에 기여해야 한다. 팀 성과를 평가하게 되면 당연히 옆 팀과 경쟁이 붙는다. 옆 팀이 잘되는 것을 시기하고 우리 팀에 방해가 된다고 여기면 조직은 성장할 수 없다. 결국 팀장은 사측이어야 한다. 우리 팀과 유관 팀의 팀원들에게 서로 협업해야 하는 이유를 조직의 공동 목표로 설득하라.

3 팀원들이 조직 구조를 잘 이해하도록 도와라.

아마존의 경우 신규 직원들의 론치 플랜Launch Plan이 유명하다. 신규 직원이 들어오면 조직 내 다양한 부서장들의 연락처가 있는 명단을 배포한다. 신규 직원들은 주어진 기간 동안 이들에게 직접 연락해서 짧은 인터뷰를 진행해야 한다. 부서장이나 팀장들이 주도하지 않고, 신규 직원들이 질문을 준비해 인터뷰를 주도한다. 이 기회로 어떠한 문제가 발생했을 때, 어느 부서의 누구에게 도움을 구하면 될지 아이디어를 얻을 수 있다. 이 과정에서 조직 내 모든 팀이 유관하다는 것을 알게 된다.

저성과자를
어떻게 **관리**할 것인가?

왜 저성과자가 되었는지를 먼저 살펴라.
역량 부족인가, 동기 부족인가?
원인을 찾아 당사자와 합의한 후 추후의 계획을 논의하라.

예전에 한 컨설팅 펌에서 팀장으로 일했을 때의 일이다. 옆 팀 팀원인 H가 아프다고 하루 결근을 했다. 다행히 다음 날은 출근했지만 몸이 계속 안 좋아서 결국 조퇴를 했다. 다음 날은 아예 병원에 입원했다는 연락이 왔다. 일주일 동안 병가를 쓰겠다는 얘기에 모두 걱정이 태산 같았지만, 사람 몸이 우선이지, 아프다는 직원에게 뭐라고 할 수는 없는 일이었다.

그렇게 거의 열흘 동안 출근을 하는 둥 마는 둥 하다가 결국 한 달만 쉬면 안 되겠냐는 이야기가 나왔다. 작은 회사에서 팀원한 명은 큰 자산이기에 팀장들이 모여 H팀원의 업무를 어떻게 나눌 것인지를 두고 회의를 하게 되었다. 회의에 앞서 H에게 현재 진행하고 있는 업무에 대해 리스트업을 요청했다.

리스트업을 하는 데에는 시간이 꽤 걸렸다. '일이 그렇게 많은가?' 생각했지만 실상은 그 반대였다. 일이 너무 없어서 공간을 채울 수가 없었던 것이다. '지금까지 이 직원이 이 일들을 처리하고 월급을 받았던 것인가? 팀장은 이 사실을 여태 모르고 있었던 걸까?' 흔히 말하는 월급 루팡, 프리라이더free-rider는 H 같은 직원을 보고 하는 말인 듯했다. 부족한 능력으로 조직에 겨우 붙어 있는 자, 또는 연차가 쌓여서 높은 호봉을 챙겨가는 꼰대들만을 의미하는 게 아니었다. 이후에 알게 된 이야기이지만, 일을 너무 못하고 실수가 잦아 팀장과 다른 팀원들이 H의 일을 하나둘 나눠 맡았다고 한다.

팬데믹 이후 많은 직장인이 재택근무를 하면서도 성과를 낼 수 있다는 사실을 알게 되었다. 위드 코로나가 되면서 기업에서는 다시 직원들의 출근을 강제화하기도 했다. 하지만 재택의 맛을 본 직장인들은 회사에 출근하느니 차라리 퇴사하겠다며 '대퇴사 시대'의 분위기가 유행처럼 퍼지기도 했다.

이런 과정을 거치면서 밝혀진 사실이 있다. 재택근무를 하게 되면서 오히려 업무에 투명성이 생겨났다는 것이다. 실제로 일을 하는 사람과 하지 않는 사람이 드러나게 된 것이다. 고성과자들의 이탈을 막으려면 조직에서는 이 프리라이더, 즉 저성과자를 관리해야 한다. 미국 노동부에 따르면 저성과자 1명으로 인해 근로자 1년 치 기대 소득의 최소 30%의 비용이 발생한다고 한다. 저성과자들은 중대한 실수를 하거나 잘못된 커뮤니케이션으로 고객과의 관계를 손상시키거나, 상사의 시간을 낭비하거나, 팀의 직원 유지율에 부정적인 영향을 끼치기 때문이다.[19]

저성과자를 관리하는 방법에는 두 가지가 있다. 바로, 내보내거나 고쳐 쓰는 것이다. 극단적이지만, 이 두 가지 방법 외에는 딱히 뾰족한 방법이 없다.

저성과자를 고쳐 써야 한다면, 먼저 부족한 역량은 무엇인지 혹은 동기가 부족한 이유는 무엇인지 확인하자. 이 책을 읽고 있는 팀장들은 이런 생각이 들 것이다. '그걸 몰라? 어떻게 일하게 만드냐고, 내 맘대로 팀원들이 안 움직여주니까 그렇지.'

다시 정리한다. 저성과자를 고쳐서 쓰겠다는 생각을 이제는 버리자. 그 자체로 활용할 방법을 고민하는 것이 가장 좋은 방법이다. 사람은 쉽게 변하지 않기 때문이다. 사람을 고치는 것보다 시스템에 변화를 주는 게 더 나은 방법이다. 시스템에 변화를 주어 시스템 안에서 활용할 수 있는 방법을 찾자.

저성과자마저도 용인해 주는 문화가 존재하기도 한다. 창업한 지 17년 차가 된 한 기업은 현재 직원이 300명에 달하며 업계에서는 몇 위 안에 드는 기업이 되었다. 직원이 5명이던 시절부터 있던 팀원 L차장은 누가 봐도 능력이 없는 팀원이다. 신규 HR팀장이 업무와 인력 구성원들을 파악하는 과정에서 L차장에 대한 구성원들의 불만들을 알게 되었다. L차장의 주요 업무는 임원들의 골프 부킹이었다. 차장이 할 업무라고 도저히 볼 수 없었다. 우리나라는 노동법이 너무도 잘 마련되어 있어 이런 프리 라이더를 해고하기도 어렵다. HR팀장은 고민을 하다가 연봉 테이블을 보고는 안도의 한숨을 쉬었다고 한다. L차장의 연봉이 대리 수준이었다는 것이다. 능력제로 연봉이 정해지다 보니 이미 HR팀에서 그에 대해서 잘 파악하고 있었다. L차장도 본인의 연봉 수준이 대리급이라는 사실을 잘 알고 있을 것이다. 그는 본인의 포지션을 자의 반 타의 반 그렇게 정한 것이다. 연차가 쌓이면서 직급은 올라갔지만 다 같은 차장이 아니었던 것이다.

채용 당시에는 여러 지원자 중에서 그 사람이 가장 우수했을 것이다. 그러나 시대가 변하면서 요구되는 역량이 달라졌을 수도 있고, 직원이 5명이던 시절과 300명의 규모가 된 지금의 업무에도 큰 변화가 있었을 것이다.

모두가 다 최선을 다해 팀장이 되고 임원이 될 필요는 없다. 그는 본인 스스로 현 업무를 선택한 것인지도 모른다. 그런데 문제가 있다. 이러한 직원이 있으면 다른 팀원들의 동기부여에는 전혀 도움이 되지 않는다는 것이다. 실제로, 팀원들이 하나둘씩 와서 불만을 토로했다. 하루는 HR팀장이 L차장에게 면담을 신청했다. "차장님 어떻게 하면 될까요? 연봉이 동결된 지도 오래됐고, 앞으로 어떻게 하면 좋을까요?" 이런 직원들을 싹 정리하고, 같은 비용으로 똑똑한 대리급 한 명을 채용할지 고민되었기 때문이다. 하지만 이어지는 L차장의 대답은 "글쎄요"였다.

일주일 동안 생각할 시간을 주었지만, 일주일 뒤에도 L차장은 변화의 의지가 전혀 없어 보였다. 변화의 의지만 보여줬어도 좋았을걸, 그러고 싶지도 않은 모양이었다. 결국 골프 부킹을 잘해서 임원들의 마음을 편안하게 해 주는 것과 비슷한 강도의 업무를 하나둘 부여해 보는 것밖에는 답이 없었다. 대신 보상으로 차별화하는 시스템을 활용하는 방법뿐이었다.

하지만 조직에서는 본인이 잘하는 업무 혹은 하고 싶은 업무만 할 수는 없다. 대기업 J대리는 임원 코칭 바람이 불면서 상담 스킬을 갖춘 덕분에 HR팀에 경력직으로 입사하게 된다. HR팀에서 임직원들의 코칭을 시작하고 관련된 프로그램 개발을 담당하게 될 예정이었다. 대기업에서는 신입사원 교육, 각 직급 승진자 교육, 신임 팀장 교육, 신입 임원 교육뿐만 아니라, 각종 법정교육* 등 다양한 교육들이 진행된다. J대리의 경력과 관련된 업무는

---

* 5대 법정의무교육: 우리나라에서 근로자를 대상으로 매년 의무적으로 시행하는 교육으로, 직장인이라면 법률에 따라 필수적으로 받아야 하는 교육을 가리킨다. 일반적으로 산업안전보건교육, 직장 내 성희롱예방교육, 개인정보보호교육, 직장 내 장애인 인식개선교육, 퇴직연금교육 등이 해당한다.

이러한 교육 중 일부에 해당됐다. J대리의 업무는 상담 혹은 코칭 교육을 진행하면서 다른 과정 개발을 함께 담당하는 것이었다. 그런데 J대리는 업무의 기본 지식은 물론, 다각적으로 관리해야 하는 교육 진행에서도 실수가 잦았다. 일대일로 진행하는 과정은 큰 무리가 없었다. 사람들의 이야기를 잘 들어주고, 특히 불평불만을 잠재우는 데에 뛰어난 역량을 갖고 있다. 그러나 일대다*로 진행해야 하는 과정에서는 메타인지가 작용하지 않는 듯했다. 일정에 대한 미확인, 강사 일정에 맞춘 시간표 배정 등에서 큰 실수를 하게 된다.

팀장은 J대리와 면담을 실시했다. 면담에서 J대리는 자신이 잘하는 업무를 하게 해달라고 요청했다. 강점 기반으로 잘하는 일을 해야 한다고 이론적으로 배우기는 하지만, 조직은 조직적으로 여러 사람이 함께 업무를 하는 공간이다. 따라서 협업도 중요할 뿐 아니라, 팀장이 팀원들에게 다양한 기회를 부여해 줘야 한다. 가령, 어떤 팀원이 자신의 성장을 위해 상담이나 코칭 업무를 해보고 싶다고 한다면 어떻게 대응하는 게 좋을까? 그들에게도 기회를 줘야 한다. J대리가 잘하는 업무만 하도록 기회를 주는 것은 한편으로 다른 팀원의 기회를 박탈하는 것이다.

계속적 저성과에 승진길이 막히고, 연봉이 동결되는 일을 몇 해 경험하고 나서야 팀장은 J대리를 내보내겠다는 결심을 한다. '해고'의 의미가 아니었다. 팀장은 J대리에게 이렇게 말했다. "J대리에게 맞는 일이 뭘까요? J대리가 더 잘할 수 있는 일을 찾는다면, 어떤 일일까요? 내가 뭘 도와주면 될까요? 만약 J대리에게 더 잘 맞는 일이 있다면 조직에 있을 때 내가 도와줄게요. 단 앞으로 1년만."

업무 역량이 부족한 저성과자를 관리하려면 시스템적으로 본인이 저성과자임을 알 수 있도록 해야 한다. 단, 그 전에 기회는 주어야 한다. 팀원에게 요구되는 역량이 무엇인지 KSA를 잘 파악하고 부족한 역량은 교육, 멘토링 등을 통해 향상시킨다. 일정 기간 기회를 준 후 변화된 모습을 살펴본다. 변화된 모습 혹은 변화하려는 의지가 보이지 않는다면, 해당 팀원의 갈 길을 찾아주는 것 또한 팀장의 역할이다.

많은 글로벌 기업은 원하는 사람에게 승진의 기회를 준다. 누구나 승진을 원하지는 않기 때문이다. 책임을 덜 지고 싶은 것이다. 책임은 덜 지는 대신 자신이 일한 만큼만 보상을 받는다. 가령, 주 3일 근무하고 그에 합당한 급여를 받는 것을 선택할 수 있다. 글로벌 기업의 경우 우리나라보다는 해고하기가 좀 더 수월하다. 성과로 보여주지 못하면 가차 없이 해고한다. 점심 먹고 왔더니 해고 통보를 받았다는 유튜브 속 '해고 브이로그'는 정말 쉽게 찾아볼 수 있다.

이처럼 다양한 트랙을 유지하는 정책은 저성과자를 관리하기 위함이라기보다는 인재를 유인하기 위한 방법일 수 있다. 물론 저성과자를 이 시스템 안에 넣어두고 관리할 수도 있다. 이와 같은 시스템을 도입하려면 조직원 간의 합의가 있어야 하니 시간이 꽤 걸리겠지만 말이다. 사람을 바꾸는 것보다 시스템에 변화를 주는 방법이 더욱 효과적이기에 많은 조직에서 다양한 방법을 고민 중이다. 이들의 소극적인 업무 태도가 옆 팀원에게 영향을 미치기 때문이다.

저성과자의 유형은 크게 두 가지다. 바로 일을 못하는 경우와 일을 안 하는 경우다.

저성과자 유형	원인
일을 못하는 경우	어떠한 역량이 부족한가?
일을 안 하는 경우	왜 동기가 떨어지는가?

저성과자의 유형을 파악하려면 먼저 두 가지를 확인해야 한다. 첫째, 팀원들 각자의 업무를 리스트업 해보도록 한다. 팀원 스스로 작성하도록 한 후, 원온원을 통해 업무에 대해 팔로업 해 본다. 팀원과 팀장은 각 업무에 대해 요구되는 역량을 도출한다. 직무 역량, 즉 KSA로 도출하면 더욱 쉽게 적용할 수 있다. 사내 직무분석을 통해 도출해 놓은 KSA가 없다면, NCS National Competency Standards를 활용하는 방법도 있다. 인터넷 포털 창에 'NCS'라고

검색하면 한국산업인력공단에서 운영하는 홈페이지가 나온다. 각 직무에 대해 국가 차원에서 KSA를 잘 도출해 두었다.

NCS 예시

분류번호 :	0202020101_23v3
능력단위 명칭 :	인사기획
능력단위 정의 :	인사기획이란 조직의 목표달성에 필요한 인적자원의 효율적 운영을 위하여 인사전략을 수립하고 인력과 인건비 운영에 대한 계획을 수립하는 능력이다.

능력단위요소	수행준거
0202020101_23v3.1 인사전략 수립하기	1.1 조직의 비전과 중·장기 사업전략에 따라 인사전략 환경을 분석할 수 있다. 1.2 인사전략 환경분석 결과에 따라 중·장기 인사전략의 방향성을 수립할 수 있다. 1.3 중·장기 방향성에 따라 당해 연도의 인사전략을 수립할 수 있다. 【지식】 • 전략적 인적자원관리 • 인사전략 환경분석법 • 관리회계 • 조직의 인사제도와 운영방침 활용 기준 【기술】 • 벤치마킹 사례분석 능력 • 목표와 방법에 대한 인사전략 작성 기술 • 시행 단계별 세부 실행계획 작성 기술 【태도】 • 부여된 책임과 목표를 달성하고자 하는 자세 • 조직의 특성과 상황을 이해하려고 하는 자세 • 조직원들의 입장과 정서를 고려하는 자세
0202020101_23v3.2 인력운영계획 수립하기	2.1 수립된 인사전략에 따라 인력의 수요를 예측할 수 있다. 2.2 인력수요 예측 결과에 따라 현인원의 적정성을 분석할 수 있다. 2.3 적정성 분석결과에 따라 인력운영 계획을 수립할 수 있다. 【지식】 • 적정인력 산정을 위한 직무분석법 • 직무별 필요역량 도출법 【기술】 • 인력수요예측기술 • 조직도 작성 기술 【태도】 • 최적의 조합을 찾아내고자 하는 자세 • 계획의 적정성을 검증하려는 자세

둘째, 도출된 역량을 팀원이 갖추고 있는지 확인해야 한다. KSA

를 확인하려면 팀장도 해당 업무에 대해 잘 파악하고 있어야 한다. KSA를 확인하기 위해 팀원에게 구체적인 업무를 부여해 본다. 데드라인과 구체적인 가이드라인도 함께 제시해 준다. 도움이 필요하다면 충분한 지원을 해 준다. 과정과 결과를 모두 확인한 후 평가한다. 원하는 결과물이 도출되었다면, 역량은 있지만, 동기가 부족한 것이다. 동기가 부족하다면, 그 이유가 무엇인지를 원온원을 통해 찾아내자. 하지만 다양한 가이드라인을 제공했음에도 적합한 결과물이 도출되지 않았다면 요구되는 역량이 부족한 것이다. 이를 해결하려면 교육을 제공해 주거나 업무 멘토링을 해줘야 한다.

역량이 부족하지도, 동기가 부족하지도 않지만, 다른 동료들에게 피해를 주는 팀원이 있다면 어떻게 해야 할까? 능력도 탁월하고 일에 열정도 있지만, 주변에 불편함을 주는 팀원이 있을 수 있다. 이 경우는 동료들의 다면평가 결과를 본인에게 공개해 주는 것도 한 방법이다. 팀장과 팀원은 다면평가를 바탕으로 어떤 부분에 문제가 있는지 객관적으로 성찰하고, 팀장이 도와줄 수 있는 부분을 대화로 찾아낸다. 성과가 높다고 무조건 고성과자라고 할 수 없다. 높은 성과를 내지만 다른 팀원들에게 해를 끼치는 팀원이 있다면, 결국 팀의 성과에 부정적인 영향을 미치기 때문이다.

저성과자의 유형과 원인을 파악했다면, 이제 이들을 관리하는 방법을 알아보자.

1. 본인이 저성과자임을 알게 하라

본인이 저성과자임을 인지하게 한다. 이들은 승진이나 급여에서 불이익을 당하면 되레 따져 묻기도 한다. 본인에게 왜 미리 알려주지 않았느냐고 말이다. 한참이 지나고 나서 저성과자였다고 이야기하면, 이를 인정하지 못한다. 게다가 자신을 케어해 주지 않았다며 팀장을 원망하기도 한다. 팀장의 입장에서는 '1년은 봐줘야지', '조금 지켜봐야지'라는 생각으로 기다려준 것일 수도 있다. 하지만 시간을 지체하는 것은 저성과자 본인의 미래를 위해서도 도움이 안 된다. 단, 부드러운 소통을 해야 한다. 팀장은 팀원을 도와주는 사람이라는 사실을 저성과자 팀원이 충분히 이해할 수 있도록 노력하라.

2. 저성과자 개인의 목표를 수정하라

대부분의 조직에서 KPI로 목표 관리를 한다. KPI의 문제점은 목표를 보수적으로 설정한다는 것이다. KPI 달성을 위해 달성가능한 수준의 목표를 설정하게 되는 것이다. 목표를 달성하는 그 자체에 의미를 두어서는 안 된다. 팀원의 발전과 조직의 발전을 함께 도모할 수 있는 목표를 설정해야 한다. OKR은 KPI에 비해 평가 기간을 짧게 설정하며, 목표^{Objective}도 중요하지만 핵심결과^{Key}

Results를 더욱 중요시한다. 목표(O)를 달성했는지, 확인할 수 있는 지표(KR)로 더욱 세부적인 역량 평가가 가능하고, 반대로 어떤 부분에서 역량이 부족한지도 알 수 있다. OKR로 단기 목표를 설정하고 성장에 초점을 맞춘다. 만약 팀원이 목표를 보수적으로 설정한다면 그 이유를 찾아보자. 개인적인 문제인가, 조직적인 문제인가? 지속적인 소통을 통해 신뢰를 쌓은 후 역량 부족인지, 그 외의 문제인지 주원인을 찾아 팀원이 발전적인 목표를 설정할 수 있도록 도와라.

3. 팀장은 저성과자를 밀착 관리해야 한다

팀장은 계속해서 팀원에게 업무와 관련한 피드백을 해 줘야 한다. 언제까지 그렇게 해야 하느냐고 반박하는 팀장도 있을 것이다. 공감한다. 팀장은 무척 바쁘고, 챙겨야 할 팀원은 여럿이다. 물리적인 시간이 부족할 뿐 아니라, 정신적인 에너지도 부족해 매번 피드백을 해 주기는 어렵다는 걸 잘 안다. "모든 아이는 원하는 지점에 다다를 수 있다. 단, 소요되는 시간이 다를 뿐이다"라는 교육 철학이 있다. 선생님이 아이들을 포기하면 안 되듯이 팀장도 팀원을 절대 포기하면 안 된다. 리더는 직원을 믿어야 한다. 길레이Gilley, 매이큐니치Maycunich는 진정한 리더는 "봉사자"라고 하며, 리더는 다음과 같아야 한다고 말한다.

- 직원들을 옹호하고, 지원하고, 격려한다.
- 직원들의 경력개발을 포함한 전반적인 개발에 대한 책임을 지고, 그들이 성장 · 발전할 수 있도록 끊임없이 노력한다.
- 직원들이 능력을 최대한 발휘할 수 있도록 돕는다.
- 조직의 성공을 팀원들과 공유한다.
- 사업성과를 달성하는 데 직원들이 기여한 바를 조직의 다른 의사결정 권자들이 알게 한다.
- 직원들의 실패에 대한 책임을 진다.
- 직원들의 성공을 축하한다.
- 직원들이야말로 조직의 가장 중요한 자산이라고 믿기 때문에, 자기 자신의 안녕이나 승진을 덜 중요시한다.
- 봉사를 자신이 해야할 올바른 일이라고 믿는다.

심리학자 매슬로도 리더는 직원에 대한 믿음이 있어야 한다고 말한다. 직원들은 자신이 가진 모든 기술과 능력을 발휘하여 최선을 다해 노력하는 믿을 만한 존재이며, 스스로 성장하고 발전하기를 원하는 존재라는 믿음을 강조했다.

팀원을 믿어주고 기다려줘도 역량이 향상되지 않고, 열심히 하려는 의지가 보이지 않는다면 어떻게 해야 할까? 또는 다른 팀원들이 저성과자로 인해 어려움을 겪고 있다고 토로한다면 어떻게 해야 할까? 적어도 팀장이 이 모든 상황을 알고 있다는 사실을 다른 팀원들이 알아야 한다. 그렇다고 대놓고 이야기를 하거나 눈치를 주면 직장 내 괴롭힘이 될 수 있다. 조직은 이익을 위해 존재하는 곳이다. 근무 시간에 대학원 과제를 하고, 야근을 핑계로 유튜브를 계속 보던 M팀장의 경우, CEO가 이를 모르고 있었다는 사실이 나를 더욱 혼란스럽게 했다. '저렇게 직장생활을 해도 되는 건가?' 하는 생각이 들었다.

정리하면, 저성과자, 프리라이더, 월급 루팡을 없애는 가장 좋은 방법은 모두의 업무를 공개하는 것이다. 누가 얼마만큼의 업무를 수행하고 있고, 성과는 어떠한지 투명하게 공개한다면 사실상 불만이 있을 수 없다(물론 이론적으로 그렇다. 또 다른 불만을 표출하는 직원들은 늘 나타난다.)

최근에는 미국을 시작으로 '연봉 공개법'이 생겨나기도 했다. 2022년 미국인 2,449명을 대상으로 동료에게 임금을 공개한 적이 있는지 물었다. 조사 결과, '그렇다'라는 응답이 Z세대의 경우 42%로 가장 높았으며, M세대의 경우 40%로 X세대(31%), 베이비붐 세대(19%)와 비교하여 뚜렷한 차이를 보였다.[20] '연봉 공개'는 인종이나 성별 때문에 임금 차별을 받거나, 성과나 역량에 비해서 적은 연봉을 받기를 거부하는 MZ세대를 중심으로 시작됐다. 바꿔 말하면, 저성과자가 연공서열에 따라 높은 연봉을 받는 것을 불합리하다고 생각한다는 의미이다. MZ세대는 더 이상 연봉 공개를 금기시하지 않고, 이를 투명하게 공개하는 것이 오히려 공정하다고 느낀다.

사람을 고쳐 쓰기 어려우면 성과와 연봉을 연결 짓는 시스템을 구축하는 방법도 조직 차원에서 고민해 보라. 매정하게 들리겠지만 방법이 없지 않은가.

성과에 대한
책임은
팀에 있다

팀제로 일을 한다는 건, 책임도 팀이 함께 진다는 의미이다.
그래야 팀원들이 자신 있게 도전할 수 있다.

공대생들이 선호하는 IT 기업순위는 '네카라쿠배당토(네이버, 카
카오, 라인, 쿠팡, 배달의민족, 당근마켓, 토스)'이다. 그 중 '배달의민족'
은 선구적인 조직문화를 자랑한다. 2015년 10월에 배달의민족
서비스가 다운되는 일이 있었다. 이로 인해 받지 못한 주문에 대
한 손해배상을 비롯해 총 3억 원의 손실을 남겼다. 2020년 5월,
8월, 12월에도 대규모 장애가 있었다. 이 장애들은 모두 내부의
실수인 것으로 드러났다. 금전적으로 큰 손해를 입었지만, 이 과
정에서 개발자를 징계한 적은 단 한 번도 없었다. IT 업계에서의

장애는 종종 뉴스화되곤 한다. 이러한 장애는 새로운 시스템을 구축하는 과정에서 필연적으로 일어난다. 대개 성장을 위해, 혹은 변화에 발맞춰 나가기 위해 기존의 시스템을 변경할 때 발생한다. 개발자가 의도한 바와 다르게 구현되어 장애가 발생하는 것이다. 만약 개발자를 징계한다면 혁신적인 변화와 발전을 꾀하는 직원은 존재하지 않을 것이다. 배달의민족은 장애란 개인의 잘못이라기보다는 특정 상황에서 일어나는 불가피한 일이라고 이해하고 이 점을 강조한다. 성과가 훌륭하든 혹은 그렇지 못하든, 모든 책임은 팀과 조직이 함께 져야 한다.

팀장은 팀원의 성과는 물론 조직 전체의 성과까지도 함께 책임져야 한다는 것을 명확하게 인식해야 한다. 성과가 미비하거나 실수를 저지른 팀원에 대해 어떤 부분이 잘못되었는지를 타이르기 전에, 팀장이 무엇을 도와주지 못했는지를 먼저 성찰해 보도록 하자. '왜 그랬는지'보다 앞으로 반복되지 않도록 하는 것이 중요하다.

TIP

- 결과에 대한 책임은 팀에 있다.
- 팀은 상위의 목표를 추구해야 한다.
- 과정의 성찰을 통해 더 나은 결과를 추구하라.
- 서로 실수를 인정하는 문화가 우선되어야 한다.

팀장의
최우선 임무는
육성이다

팀장의 업무 중 가장 우선되어야 하는 것은 팀원의 '육성'이다.
팀장은 학습에 대한 열린 마음, 팀원들의 학습 경험을 위한
시간적 배려 및 재정적 지원과 같은 '학습지향리더십'을 갖추고 있어야 한다.

나는 대학에서 HRD를 공부했다. 그중에서도 나의 연구 분야는
일터 학습Workplace learning이다. 우리는 조직의 일원이 되어 일을
하고, 성과를 내고, 그에 합당한 녹을 받는다. 업무를 수행하기
위해서는 다양한 학습이 업무와 동시다발적으로 일어나야 한다.
그런데 그 학습은 주로 형식 학습이기보다는 무형식, 비형식 학
습으로 이루어진다. 다시 말해, 학교에서 공부하듯 집합교육으로
이루어지는 이론 학습이라기보다는 실제 업무를 수행하면서 알
음알음 학습하게 된다. 그렇게 1년을 보내고, 3년을 보내고, 10

년을 보내다 보면 전문가가 되고, 사회가 발전과 변화를 거듭하면서 조직은 우리에게 업스킬링, 리스킬링을 요구하게 된다. 이 모든 과정이 학습이며, 이 학습 과정에서 어떤 팀장을 만나느냐에 따라 팀원들의 역량은 큰 차이가 난다.

내가 연구하는 분야는 어떻게 하면 일터에서 학습이 일어나는지에 대해 논의한다. 조직적 차원, 개인적 차원 등의 변인들을 찾는다. 다양한 변인들이 있겠지만, 가장 중요한 변인 중 하나가 리더의 '학습지향리더십learning-committed leadership'이다. 학습지향리더십은 리더가 직원들의 학습과 관련된 목표 수립을 돕고, 조언을 제공하며, 역할모델을 제시해 주는 것과 새로운 지식 혹은 기술의 사용에 대해 긍정적인 피드백을 제공해 주는 것으로 리더의 행동 전반을 포함하는 개념이다.[21]

팀장은 팀원들이 열심히 달려줘야 한다고 생각하지만, 그 팀원이 성과를 낼 수 있도록 학습에 관심을 갖는 팀장은 많지 않다. 아무것도 모르고 입사를 하는 팀원도 있고, 경력은 있지만 우리 조직 내 시스템이나 문화를 새로 익혀야 하는 팀원도 있다. 팀장은 이 모든 변수를 인지하고 팀원별 육성 계획을 도출해야 한다. 하지만 당장의 성과가 급하니 미래를 위한 투자 개념의 교육에 관심을 가질 여유가 없다. 지인 중 고객사에 재직하고 있는 친한 동생이 있다. 그 조직에 교육을 들어갈 때마다 동생에게 교육을 들으러 오는지 물으면 이런 대답이 돌아오곤 했다. "아시잖아요,

우리 팀장님이 교육을 싫어해요." 팀장이 교육을 싫어한다는 의미는 무엇일까? 두 가지 의미일 텐데, 한 가지는 교육이 성과와 연결되지 않는다고 생각해서이고, 또 다른 한 가지는 고성과자의 경우 교육으로 업무에 지장이 생기는 것을 꺼리기 때문일 것이다. 이 친구의 경우는 후자였다. 결국 시간이 여유로운 팀원들만 교육에 참여하게 되고, 고성과자는 계속해서 교육 기회를 얻지 못해, 지금 당장은 성과를 내더라도 장기적으로는 성장하지 못하게 된다.

팀원이 조직에서 성장하지 못하는 또 다른 이유는 팀장 자신의 일이 너무 바빠 팀원들의 미래까지 고민할 겨를이 없어서이다. 주변에서 흔히 보게 되는 사례로 팀장 본인이 하기 싫은 일을 팀원에게 떠넘기는 경우, 중요하지 않고 품만 많이 드는 업무를 팀원에게 떠안기는 경우, 팀원의 업무 진척도는 살피지 않고 팀장 개인의 업무에만 몰두하는 경우가 있다. 이 같은 실수를 저지르는 팀장 밑에 있는 팀원들은 결국 배울 게 없어서 조직을 떠나게 된다. 나 또한 팀원에게 비슷한 실수를 한 적이 있다. 팀원을 도와준다는 생각으로 모든 업무를 처리했고, 나는 바빠서 야근을 할지언정 팀원은 일찍 퇴근시켰다. 비록 아주 쉬운 일이었지만, 내가 하기 싫은 일만 골라서 팀원에게 안겼던 적도 있다. 팀원의 경력 개발이나 육성을 알지도 못했고 관심도 전혀 없었다.

팀원을 이렇게 방치한 것은 내가 학습지향리더십을 발휘하지 못한 탓이다. 미안한 이야기지만, 당신이 나 같은 사람이라면 팀장으로서 자격 미달이다. 합리적으로 생각을 해 보자. 내가 업무에 임할 수 있는 시간과 에너지에는 물리적인 한계가 있다. 나보다 더 능력 있는 팀원을 여럿 두는 것이 더욱 효율적인 일이다. 그러므로 팀장은 팀원의 능력을 키워줘야 한다. 나는 내 일 욕심 때문에 팀원을 방치했고, 결국 팀원은 성장은커녕 잡일에만 치여 번아웃이 올 수밖에 없었다. 팀장은 팀원을 육성하는 것이 주 임무라는 것을 잊어서는 안 된다.

아마존에는 다양한 주제의 멘토링 프로그램이 있다고 한다. 이때 멘토들은 본인이 어떤 내용으로 멘토링을 할 수 있다는 소개를 자발적으로 웹페이지에 올려둔다. 얼마나 품이 많이 드는 일인가. 본인의 본캐도 소화하기 힘들 텐데, 부캐로 멘토 역할까지 맡다니 말이다. 하지만 아마존 내에서는 이 멘토링 프로그램이 굉장히 활성화되어 있다. 《나는 아마존에서 미래를 다녔다》의 박정준 저자는 아마존 재직 당시 이 멘토링 프로그램을 통해 다양한 기술을 익혔으며 심지어 창업 노하우도 배웠다고 한다. 조직 내 어떠한 분야이든 학습이 장려되는 문화였던 것이다.

성숙한 리더십을 갖춘 팀장에게 팀원을 키워내는 일은 의미 있고 참 행복한 여정일 것이다. 설사 하찮은 일을 팀원이 맡게 되더라도 학습지향리더십을 발휘하는 팀장이라면 "김 대리, 경험삼아 한 번 해봐요. 학습의 기회가 될 거예요"라는 말을 함께 해

줘야 한다.

팀원을 육성하기 위해서는 전략이 필요하다. 이 전략은 3장에서 목표 설정과 함께 자세히 다룰 예정이다. 이 장에서는 다음의 두 가지만 언급하려고 한다. 첫째, 학습의 아젠다를 팀원들과 공유하라. 팀장은 팀원 개인의 역할을 잘 수행하기 위해 익혀야 하는 학습의 아젠다(지식, 기술, 태도)를 지속적으로 팀원들에게 일러주어야 한다. 둘째, 팀을 학습의 장으로 만들라. 업무를 하는 과정에서 적절한 피드백을 주고받는 것만으로도 충분한 학습이 일어난다. 직장에서 마주하는 매 순간이 학습의 기회라는 것을 팀원에게 인지시키고, 팀 내에서 충분히 학습이 일어나게 하는 것도 팀장의 몫임을 기억하라. 팀장은 물론 동료 간에도 정보를 활발히 소통하고, 서로 질문을 하는 데 있어 어려움이 없는 문화를 만들어야 한다. 팀원들이 갖춰야 하는 역량과 업무 노하우에 대해 서로 적극적으로 공유하는 문화를 만들라.

나는 팀원들의 학습을 독려하는 팀장인가? 반대로 내가 팀원이라면, 나의 팀장은 학습지향리더십을 발휘하고 있는가? 다음의 진단지를 통해 알아보자. '전혀 아니다'에 해당하면 1점에 체크하고, '매우 그렇다'에 해당하면 5점에 체크한 후 전체 점수를 합산한다. 팀장과 팀원의 입장에서 모두 알아볼 수 있다.

학습지향 리더십[22]

구분	질문	점수				
		1	2	3	4	5
1	나는 팀원들에게 다양한 학습의 기회를 제공한다. (or 나의 팀장은 다양한 학습의 기회를 제공한다.)					
2	나는 팀원들이 알고자 하는 바를 이해하기 쉽도록 상세하게 설명해 준다. (or 나의 팀장은 내가 알고자 하는 바를 이해하기 쉽도록 상세하게 설명해 준다.)					
3	나는 팀원의 결정에 대해 시간과 인내를 갖고 기다려 준다. (or 나의 팀장은 나의 결정에 대해 시간과 인내를 갖고 기다려 준다.)					
4	나는 팀원의 실수에 대해 격려해 준다. (or 나의 팀장은 실수에 대해 격려해 준다.)					
5	나는 팀원들과 지식을 공유하고, 협력적으로 일하는 것을 중요하게 생각한다. (or 나의 팀장은 동료와 지식을 공유하고, 협력적으로 일하는 것을 중요하게 생각한다.)					
6	나는 팀원들의 업무에 대한 인정과 긍정적인 피드백을 해준다. (or 나의 팀장은 업무에 대한 인정과 긍정적인 피드백을 해준다.)					
7	나는 학습에 있어서 팀원들의 역할모델Role Model이다. (or 나의 팀장은 학습에 있어서 나의 역할모델이다.)					

학습을 방해하는 말

- "그걸 질문이라고 해요?"
- "그걸 아직도 몰라요?"
- "여태 뭘 배운 거죠?"
- "고민하고 결과를 찾아오세요."
- "제가 할게요. 그냥 두세요."

학습을 독려하는 말

- "직접 해 봐야 배우게 됩니다."
- "이번 경험으로 많은 걸 배웠음에 틀림없어요."
- "김 사원, 충분히 할 수 있어요."
- "저와 함께 해볼까요?"
- "기다릴게요. 천천히 알려주세요."

모든
관리의 기본은
소통이다

팀장은 팀원에게 누구보다 '접근하기 쉬운' 사람이어야 한다.
이를 통해 팀원들의 갈등을 해소할 수 있고, 다양한 과업들에 대한
정보와 지식, 경험, 노하우 등을 공유할 수 있기 때문이다.
관리의 기본은 소통이라 할 수 있다.

'낄끼빠빠'라는 말이 있다. '낄 때 끼고, 빠질 때 빠져라'라는 의미
로, 끼는 것보다 빠지는 것에 더욱 중점을 둔 말이다. 이렇듯 우
리 문화는 뒤로 빠져주고, 점잔을 빼는 모습을 미덕이라 생각해
왔다. 왜 이러한 문화가 생겼을까? 말을 꺼냈다가 본전도 못 찾았
던 경험을 몇 번 하게 되면, '가만히 있으면 중간은 가는구나'를
배우게 된다. 사회생활을 알게 되는 셈이다. 하지만 "우는 아이
젖 준다"라는 말도 있다. 표현을 해야 원하는 것을 얻을 수 있다
는 뜻으로, 말하지 않으면 타인은 상대가 무엇을 원하는지 알 수

없다. 팀은 여럿이 움직여야 하므로 팀원들 간 원활한 소통으로 더욱 시너지를 만들어 내야 한다. 즉, 모든 관리의 기본은 소통이다. 이때 팀의 중심인 팀장은 '접근하기 쉬운' 사람이어야 한다.

조직 내 소통이 어려운 이유는 심리적 안전감이 부족해서이다. 심리적 안전감을 처음 고안한 에이미 에드먼슨Amy C. Edmondson 교수는 침묵을 깨야 조직 내 심리적 안전감을 불어넣을 수 있다고 강조한다.[23] 조직 내 침묵을 깨려면 구성원이 어떤 문제 제기나 질문을 하더라도 다른 사람이 부정적 반응을 보이지 않을 거라는 믿음이 있어야 한다. 그래야 구성원들이 두려움 없이 편안하게 의사를 표현할 수 있다.

독일의 커뮤니케이션 학자인 엘리자베스 노엘레 노이만Elisabeth Noelle-Neumann이 주장한 '침묵의 나선 이론The spiral of silence theory'이 있다. 이는 여론 형성 과정에서 자신의 의견이 다수의 의견과 같으면 적극적으로 목소리를 내지만, 소수의 의견일 경우에는 고립될까 봐 두려워 침묵하는 현상을 말한다. 침묵을 깨야 심리적 안전감을 불어넣을 수 있다지만, 심리적 안전감이 보장되지 않으면 말을 할 수 없다. 심리적 안전감이 보장되어야 침묵을 깰 수 있고, 침묵을 깨야 심리적 안전감을 경험할 수 있는 선순환 구조인 셈이다.

불확실성이 산재해 있는 VUCA 시대에는 서로 솔직한 소통으로 아이디어를 뒤섞어야 한다. 기획서 하나를 작성할 때, 보통은 전년도 기획서를 참고한다. 교육과정을 새로이 설계하려 할 때도 역시 전년도 교육과정을 살펴보거나 타 연수원의 교육 프로그램을 벤치마킹한다. 모든 상황이 작년과 같다면 큰 문제는 없다. 하지만 지금처럼 변화무쌍한 시대에는 두려움 없이 아이디어를 제시하고, 소통할 수 있어야 한다. 그러나 소통을 하기에 우리 조직은 위험이 너무 많다. 자신의 생각이 틀렸을까 봐 혹은 긁어 부스럼 만드는 의견이 될까 봐 확실한 데이터를 수집할 때까지 말을 아낀다. 그러다 보면 많은 시간이 지나버린다. 즉각 소통하지 않으면 시의성이 떨어지는 사안이 되어버리거나 지쳐 포기해 버리게 되는 것이다.

2003년 나사의 우주왕복선 컬럼비아호가 공중에서 폭발해 7명의 탑승자 전원이 사망하는 사고가 발생했다. 사고 원인을 조사하는 과정에서 엔지니어 중 한 명이 사고 전 문제를 인지했다는 사실이 밝혀졌다. 컬럼비아호 발사 장면을 녹화한 장면에서 작은 파편이 떨어져 나가는 것을 보고 문제가 있음을 인지했다는 것이다. 하지만 그는 침묵했다. 조사 과정에서 그는 "저는 말할 수가 없었습니다. 계급이 너무 낮았고, 나의 보스는 너무 높은 사람이었기 때문입니다"라고 답했다. 심리적 안전감이 낮은 조직에서 흔히 나타나는 현상이다.

멀리 볼 것 없이, 이와 비슷한 현상은 우리 주변에 산재해 있다. 1999년 12월 22일, 런던에서 출발해 밀라노에 도착할 예정이었던 대한항공 화물 8509편이 영국을 벗어나기 전 추락해 승무원 전원이 사망하는 사고가 발생했다. 사고 원인은 기기 고장이었다. 기장이 적절한 대응을 하지 못해 사고로 이어진 것이다. 훗날 기장이 무서워서 부기장들은 잘못을 알고도 지적하지 못했다는 사실이 밝혀졌다. 사고기의 기장은 공군 출신으로 카리스마가 강한 리더였고, 특히 그날은 사소한 일로도 승무원들에게 화를 냈다고 한다. 이런 사례를 통해 우리는 스스로를 성찰해 봐야 한다. 과연 나는 어떤 리더인지 말이다.

높은 심리적 안전감을 보이는 팀의 리더들은 다음과 같은 특징을 보였다. 무엇보다 접근이 용이했다. 언제든 만나서 이야기를 나눌 수 있었다. 그리고 스스로 실수를 인정했다. 자신이 완벽하지 않다는 점을 인정하는 것이다. 자신이 무엇을 잘못했는지 사람들의 의견을 경청했으며, 심리적 안전감을 형성해서 실수를 통해 학습하는 문화를 조성했다. 이들은 또한 끊임없이 직접적인 질문을 던져 직원들이 입을 다물고 있지 못하게 했다. 그리고 실수를 저지른 사람을 책망하기보다는 가치 있는 정보를 제공해 준 것에 대해 인정하고 감사하는 자세를 지녔다.

미국의 픽사는 심리적 안전감이 높은 조직으로 알려져 있다. 픽사는 누구나 다양한 실험을 하고 다양한 아이디어를 이야기할 수 있도록 권장한다. 서로의 경계를 넘어서 팀워크를 통해 세상에 혁신적인 것들을 만들어 내도록 독려한다. 성공하지 못할 수 있는 가설이라도 위험을 감수할 수 있도록 독려한다. '실패해도 괜찮다'라는 조직 문화가 심리적 안전감을 높여주고 소통을 원활하게 만드는 것이다.

심리적 안전감으로 소통할 수 있는 마인드가 갖추어졌다면, 다음은 소통 툴을 활용하여 소통을 물리적으로 원활하게 만들어야 한다. 모든 팀원이 정보에서 소외되지 않도록 하는 것이 우선이다. 배달의민족은 재택근무가 일상화된 이후 소통 툴을 전사적으로 통일시켰다고 한다. 이처럼 소통 툴을 통일화해서 사용하는 기업도 있지만, 개인이 선호하는 소통 툴을 자유롭게 사용하는 곳도 많다. 다양한 SNS의 활용으로 서로 선호하는 툴이 다르다면, 어느 부분에서 소통의 단절이 일어날지 모른다. 따라서 가급적 소통 툴을 통일해서 모든 팀원이 정보를 공평하게 접할 수 있게 해야 한다.

TIP

1 커뮤니케이션 능력 중 최상의 능력은 '경청'이다.

말하지 않는다고 해서 경청하는 것은 아니다. 듣고 있다는 것을 표현해 주어야 한다. "아, 그래?"라는 쉬운 추임새부터 입버릇으로 만들자. 상대는 더욱 신이 나서 이야기를 이어갈 것이다. 그 가운데 '심리적 안전감'이 조직 내에 자리 잡게 된다.

2 하나의 소통 툴을 마련하라.

사내에서 통일된 소통 툴이 있다면 적극 활용하도록 권한다. 소통 툴이 있음에도 불구하고 회의에 참여한 팀원들끼리만 정보를 공유받거나, 친한 사람들끼리 사석에서 정보를 주고받는 문화는 사라져야 한다. 모든 정보는 공평하게 하나의 툴을 통해 공유하라.

3 자신의 커뮤니케이션 습관에 대해 주변에 조언을 구하라.

메라비안^{Mehrabien} 법칙을 잘 알 것이다. 의사소통을 할 때, 시각적인 부분의 영향력은 55%, 청각적인 부분의 영향력은 38%, 그리고 말의 내용은 7%의 영향력을 가진다. 즉, 내가 무슨 말을 했는지보다 말을 할 때, 보이는 표정과 몸의 자세, 그리고 말의 뉘앙스가 더욱 중요하다. '어떤 말을 해야 할까?'에 해당하는 '내용'의 영향력은 불과 7%에 지나지 않는다. 말할 때 상대를 기분 나쁘게 하는 지점은 없는지, 표정은 온화한지, 눈빛이 총명한지, 자세가 호의적인지, 부드러운 말투를 사용했는지 등에 대해 주변 사람들의 조언을 구하라.

비공식 네트워크를
활용하라

비공식 네트워크를 활용해 모든 팀원을 같은 수준으로 관리하라.
비공식 네트워크를 활용하기 위해서는
팀장에게 호의적인 팀원이 존재해야 한다. 나는 그런 팀장인가?

팀장은 관리하는 사람이라고 하지만, '관리'라는 단어는 꽤 권위
적이고 수동적으로 느껴진다. 팀원들에게 더 많은 자율권과 의사
결정권을 주어 조직 개방성을 높여 주면 업무에 긍정적인 영향
을 준다는 연구가 아주 많다. 그러나 팀원 모두에게 자율권과 의
사결정권을 무한정 줄 수는 없는 노릇이다. 그럴 때 전략적으로
비공식 네트워크를 활용하는 방법이 있다.

　하이브리드 근무가 본격화되면서 모든 팀원이 한자리에 모여
일을 하는 경우가 드물어졌다. 팀장도 예외는 아니다. 하이브리

드, 근무로 인해 팀원 간 소통이 줄어들었다는 통계도 많다. 반면, 친한 동료와의 소통은 더욱 늘었다는 연구 결과가 있다. 이는 사내에 비공식 네트워크가 많아졌음을 의미한다. 비공식 네트워크를 통해 업무 내용뿐만 아니라 회사의 분위기, 새로운 소식, 비공식적인 정보 등을 전달받을 수 있다. 물론 팀원들이 객관적인 의견을 제시해 주지 않을 수도 있다. 하지만 이들의 의견과 관점이 중요한 이유가 있다. "처자식 빼고 다 바꾸자" 삼성 이건희 회장이 남긴 아주 유명한 말이다. 조직문화에 변화를 주려고 한다면 보통 어떻게 하는가? 리더는 비전 선포를 한다. 조직의 새로운 가치나 조직이 기대하는 행동과 관련된 강력한 문구를 만들고, 이를 직원들에게 직접 전달하거나 위계를 통해 지시를 내리려고 애쓸 때가 많다.[24] 바로 톱다운Top-Down방식이다. 멋진 문구를 만들어 내고, 임원들을 모아 놓고 전달한다. 임원들에게 도달된 비전은 팀장을 통해 팀원들에게까지 잘 도달될까? 도달할는지는 몰라도 이를 실천하려면 꽤 많은 전략이 필요하다.

《실리콘밸리에선 어떻게 일하나요》의 저자 크리스 채는 메타에 오래 있을 수 있었던 이유 중 하나를 메타의 보텀업Bottom-Up 문화 때문이라고 했다. '보텀업' 방식은 톱다운과 반대되는 의미로, 주어진 프로젝트의 전 과정에서 실무자가 주도권을 가지고 일할 수 있는 문화다. 일반적으로 담당자가 자신이 맡은 일에 대해서 가장 잘 알기 때문에 실무자가 의사결정권을 갖는 게 옳다는 철학에 기반한다. 글로벌 기업이라고 해서 모든 기업이 보텀업 문화인 것은 아니다. 애플은 톱다운 문화로 잘 알려져 있다. 애플의 경우 비전 뿐만 아니라, '무엇'으로 '어떻게' 그 비전을 달성할지에 대한 모든 사안이 리더 급에서 정해진다. 어떤 문화가 좋고 나쁜지를 논하려는 것은 아니다. 기업마다 추구하는 문화가 다르다는 뜻이다. 애플은 톱다운 문화를 유지하기에 아이폰, 맥북과 같은 멋진 제품이 만들어진 것인지도 모른다.

팀장들은 이 두 문화에서 좋은 부분을 벤치마킹해야 한다. 바로 팀 내 비공식 네트워크를 통해 보텀업 문화의 좋은 부분을 활용해 보는 것이다. 앞서 언급한 것처럼 실무자가 자신이 맡은 일에 대해 가장 잘 안다. 하지만 실무자에게 당장 많은 권한을 줄 수 없다면, 그들의 아이디어를 적극 꺼내는 작업을 먼저 해 보자. 보통은 팀원들이 팀장보다는 조금 어린 세대일 가능성이 크므로 팀장의 입장에서 새로운 문화를 학습할 수 있는 좋은 경험이 된다.

'비공식 네트워크'를 활용하는 방법으로는 다음의 세 가지가 있다. 첫째, 팀 내 인플루언서를 찾는다. 둘째, 아웃라이어를 찾는다. 셋째, 사내 스파이를 둔다.

1. 사내 인플루언서Change Agent 찾기

2022년 MIT 〈슬론 매니지먼트 리뷰〉에 실린 연구 결과가 있다.[25] 이 연구에서는 1,100명의 직원을 둔 한 제조업체를 대상으로 임원들의 네트워크와 일반 직원들의 네트워크를 비교했다. 연구 결과, 경영진과 임원들은 고위 인사들과는 잘 연결돼 있었지만, 조직 말단에 있는 직원들과는 대체로 그렇지 못했다. 반면 비공식 인플루언서(소위 인싸)들은 고위 관리자들에게 도달하는 데 한계가 있었지만, 그 외에는 어디든 폭넓은 영향력을 미치는 것으로 나타났다. 최상위 리더 50명은 전 직원의 31%와 연결이 되어 있었으며, 비공식 인플루언서 상위 50명은 전 직원의 60%와 연결돼 있었다.

지인 중 한 명은 자신의 회사와 일에 진심인 친구다. 동료들이 가끔 회사에서 느끼는 불만을 이야기하노라면, 그에 반하는 의견을 제시해 종종 오해를 사기도 한다. 하지만 이 친구의 영향력이 너무나 커서 이 친구와 대화를 나누다 보면 나도 모르게 '사측'이 되고 만다. 이런 인플루언서를 잘 활용한다면, 불만을 가진 팀원들의 변화를 이끌어 내고 팀에 호의적인 마음을 갖게 할 수 있다.

팀 내의 인플루언서를 찾아보자. 다른 말로 '변화주도자Change Agent, CA'라는 표현을 쓰기도 한다. 팀장 혼자 팀을 관리하려고 하기보다 인플루언서를 찾고 도움을 요청하는 방법을 활용해 보자. 인플루언서에게 자율권과 의사결정권을 주어 주도적으로 일할 수 있도록 만들어 보자. 팀장을 대신해 열심히 조직과 팀에 기여할 것이다.

2. 팀 내 아웃라이어^{outlier} 찾기

모든 팀원이 팀장 편에서 업무를 수행해 주는 것은 아니다. '아웃라이어'를 찾아야 한다. 아웃라이어란 통계용어로 평균치에 벗어나서 연구결과에 영향력을 주지 않거나, 의미 없는 표본을 말한다. 연구결과를 분석할 때는 이 아웃라이어를 제외하고 해석한다. 연구자가 의도하지 않은 결과 값이 나올 수도 있으므로 아웃라이어를 제거하는 것이다. 같은 이치로 팀장이 의도치 않게 팀원과 적대적인 관계가 될 수도 있다. 팀에 아웃라이어와 같은 팀원이 있다면 어떻게 해야 할까? 연구결과를 도출할 때처럼 제외할 수 없는 노릇이다.

먼저, 팀 내에서 가장 문제가 되는 부분과 그 문제를 일으키는 팀원을 찾는다. 그 문제가 바로 아웃라이어가 될 텐데, 다른 팀원들에게 부정적인 영향력을 미치는 것을 막아야 한다. 많은 조직이 직원들의 퇴직률을 고민하는 이유를 아는가? 어차피 조직은 피라미드 구조인데, 왜 인력의 이탈에 대해서 고민할까? 그 이유는 직원들의 이직률은 남아 있는 직원의 이직률에도 영향을 미치기 때문이다. 이런 문제를 찾아 바로잡아야 한다. 이 문제에 가장 맞닿아 있는 팀원을 집중적으로 공략하는 방법이다.

팀장이 직접 나서서 아웃라이어를 공략하는 방법도 있고, 혹은 아웃라이어와 가장 가까운 동료 팀원에게 도움을 구하는 방법도 있다. 하지만 아웃라이어는 공식적으로 공개하기 어렵다. 팀장이 아웃라이어에 대해 잘 파악하고 비공식적으로 관리해야 후회할 일이 안 생긴다.

3. 사내 스파이를 두라

팀장이 늘 팀원들의 일거수일투족을 지켜볼 수는 없는 노릇이다. 게다가 지금처럼 하이브리드 근무가 표준으로 자리잡은 때에는 더욱 그러하다. 이때 가장 유용한 전략이 바로 사내 스파이다. 여기서 스파이는 우리가 일반적으로 생각하는 의미의 스파이가 아니다. 겉으로 드러난 객관적인 사실을 전달해 주는 역할이지, 스파이 개인의 주관적인 생각을 전달하거나 누군가를 뒷담화하여 편을 가르는 스파이를 의미하지는 않는다. 혹여나 팀장이 놓치고 있는 부분은 없는지 사내 스파이에게 도움을 받는 것이다. 사내 스파이에게 역할에 대해 잘 일러 주어야 오해가 없음도 기억하라.

TIP

비공식 네트워크를 활용한 팀원 관리

1 사내 인플루언서를 활용하라
영향력이 큰 팀원을 활용하라. 팀원들은 그로 인해 보텀업 문화를 경험하게 된다.

2 사내 아웃라이어를 찾아라
팀 문화에 걸림돌이 되는 아웃라이어를 찾아라. 나머지 팀원에게 미칠 부정적인 영향력을 미연에 방지할 수 있다.

3 사내 스파이를 두라
팀장에게 비공식적 정보를 전달해 줄 사내 스파이를 두어라. 해당 역할에 대해 명확히 전달하고 임무를 부여하라.

팀장 리더십을
갖추기 위한
실질적인 조언

[•]

3

어떤 팀원과
일하게
할 것인가

어떤 사람과 일하는지는 팀원의 성과와 직결된다.
팀장은 팀원의 특징을 잘 파악하고, 서로 시너지를 낼 수 있는
팀원들의 조합을 만들어 주어야 한다.

역사상 가장 위대한 농구 선수라 하면 제일 먼저 누가 떠오르는 가? 나이키 운동화의 마니아인 나는 당연히 마이클 조던Michael Jordan이 떠오른다. 그가 NBA에 입단한 후 6년 동안 챔피언 결정 전에서 단 한 번도 우승하지 못했다는 사실을 아는가? 그의 역 량이 최고임은 사실이지만 우승을 거두지 못하는 결과에 구단은 고민에 빠졌고, 역량을 최고로 끌어줄 팀원이 필요하다는 사실을 깨닫게 된다. 곧이어 신인 선수 스카티 피펜Scottie Pippen이 영입되 면서 마이클 조던과 완벽한 한 팀이 된다. 이 둘은 말로 표현하지

못할 정도로 놀라운 협업을 보였다. 하지만 마이클 조던이 공을 잡을 때마다 상대 팀은 '조던 규칙(조던 주변에 두세 명이 달라붙는 것)'으로 그가 플레이를 하지 못하게 막았다. 결국 피펜 한 명으로는 팀으로서 역할 수행이 어렵다는 사실을 깨닫고, 조던 주변으로 더 많은 선수를 배치해 플레이할 공간을 확보하는 전략을 펼치게 된다. 조던 혼자 책임을 지는 플레이가 아닌, 서로 역할을 분담하여 협업하는 전략이었다.

얼마 전 한 예능 프로그램에서 해외 리그에서 활약하는 한국인 축구 선수의 생활상을 본 적이 있다. 현지에는 이 선수를 도와주는 한국인 코치진이 여럿 있었다. 기초 체력 운동을 도와주는 코치, 체력 관리를 해 주는 코치, 현지 생활을 편안하게 할 수 있도록 도와주는 매니저 등 여러 명이 이 한 명의 선수를 위해 코칭과 훈련을 제공하고 있었다. 상당한 비용이 들겠지만, 팀장 혼자서 성과를 내지 못하듯 개인 역량이 탁월한 선수라 할지라도 주변의 도움은 절대적으로 필요하다. 그래야 더욱 큰 시너지를 낼 수 있다.

마이클 조던 역시 오랫동안 뛰어난 개인 기량을 보여줄 수 있었던 이유 중 하나가 바로 효과적인 코칭과 훈련을 받는 데 엄청난 투자를 한 결과다.[26] 투자만 한다고 되는 건 아니다. 도움을 받아들이는 사람도 이를 받아들일 자세가 되어야 한다. '나 같은 월드 클래스에게 이게 뭐람?'이라는 생각을 하면 안 된다. 도움받을 수 있는 방법이 있다면, 얼마든지 도움을 구해야 한다. 팀장 역시 팀을 잘 이끌어 가려면 팀원들의 도움이 필요하다. 다른 사람에게 민폐라는 생각에 일단 어떻게든 혼자 해결하려고 하는 사람도 있다. 성공하는 사람들의 여러 가지 공통점 중 하나는 바로 주변에 도움을 구하는 데 두려움이 없는 것이다. 상대방이 도움을 요청할 때 자신도 기꺼이 도와주면 된다고 생각하기 때문이다.

상위 목표를 달성하려면 팀장은 고군분투하며 전략을 찾기보다 도와줄 사람을 찾아 함께 성과를 일궈내야 한다. 자녀를 키울 때, 부모는 자녀가 다양한 경험을 할 수 있도록 환경을 제공한다. 아이들이 성장하면서 어떤 경험을 했는지에 따라 그들의 적성이 발현되기도 하고, 그 반대가 되기도 한다. 그렇게 발견된 적성이 있다면 다양한 훈련과 연습을 거쳐 진로를 정하게 된다. 이때 부모라는 코치진, 다양한 선생님들, 혹은 같이 훈련을 받게 되는 경쟁자 등 모두가 팀원이 된다. 한 연구에 의하면 성장기에 비만인 친구와 친하게 지낼 때, 반대 그룹에 비해 비만이 될 가능성이 높은 것으로 나타났다. 주변 사람들은 그만큼 중요하다. 마찬가지로, 팀원이 어떤 사람인지에 따라 나의 새로운 모습이 발견되기도 하고, 사장되기도 하는 것이다.

성공적인 팀을 이끌기 위해서 팀장은 팀원들이 각자 어느 팀원과 일할 때 환상적인 케미를 이루는지 살펴봐야 한다. 팀원들의 강점과 취약점을 파악하고, 서로 부족한 부분을 보완해 줄 수 있는 팀원을 매칭해 줘야 한다. 팀원들 간의 이기주의도 없어야 한다. 팀원들이 서로 신뢰할 수 있어야 한다. 팀원들이 서로 신뢰하려면 팀장의 역할이 중요하다. 코치진이 승리를 조던 개인의 공으로 돌렸다면, 피펜의 협업은 없지 않았겠나? 팀의 성과를 어떻게 올릴 것인가도 중요하지만, 어떤 팀원들과 일하게 할 것인가는 더욱 중요하다.

다음의 표를 참고하여 팀원들의 강점과 취약점을 찾아보자.

팀원 이름	홍길동
강점	이과적 성향의 분석가 집중력이 높음 일 처리 속도가 빠름
취약점	소극적인 성격으로 인간관계가 넓지 못함 회사 생활에 재미를 느끼는 것 같지 않음 창의적인 기획력이 부족함
전략	• 원온원을 통해 회사 생활의 어려움이나 개인적인 고민을 듣고, 해결책을 함께 모색한다. • 다양한 방법을 적용하여 회사 생활에 즐거움을 느낄 수 있도록 도와준다. • 다양한 활동이나 팀원들 간의 만남의 기회를 제공하여 팀원들과 친밀감을 형성할 수 있는 기회를 만들어 준다.

리더십의 4가지 유형

최근 MZ세대를 중심으로 MBTI가 유행이다. 소개팅을 할 때도 MBTI를 물어보고 만남을 결정한다고 한다. 시대의 트렌드를 분석하는 학자들은 이 현상을 시간 낭비를 줄이려는 의도로 해석한다. 여러 가지 시행착오나 실패로 시간을 낭비하지 않고, 효율적·합리적인 선택을 하고자 하는 것이다. '한번 해 보지, 뭐'가 아니라 '알고 시작하자'는 심리다.

팀장도 다양한 팀원들을 이해하기 위해 노력을 한다. 그렇다면, 반대로 팀원들은 팀장을 어떻게 평가할까? 팀장 역시 다양한 유형이 존재하지 않을까?

가장 쉽게 활용할 수 있는 4가지 리더십 유형을 살펴보자. 다음의 질문지를 통해 독재자형(A형), 만담가형(B형), 연구자형(C형), 수도자형(D형) 중 어느 유형에 속하는지 알 수 있다.

1. 회식 메뉴를 정할 때 행동 패턴은?			
A	B	C	D
원하는 메뉴를 적극적으로 말한다.	메뉴는 그다지 중요하지 않다. 누구와 함께 하는지가 더욱 중요하다.	내가 먹고 싶은 메뉴를 말한다. 하지만 결정되지 않아도 상관없다.	원하는 메뉴를 말하지 않고, 결정되는 대로 따르는 편이다.

2. 새로 온 팀원과 식사를 하게 되었다. 나의 행동 패턴은?			
A	B	C	D
팀원 옆에 앉아 조직의 전반적인 분위기, 업무와 관련된 이야기를 해 준다.	팀원들과 함께 식사 자리를 적극적으로 만들고, 축하의 자리를 만든다.	딱히 식사 자리를 만들지 않는다. 기회가 생길 경우에만 함께 한다.	다른 팀원들이 자리에 앉은 후 남는 자리에 조용히 앉는다.

3. 발표를 해야 한다. 나는 우리 팀에서 어떤 역할을 맡는 편인가?			
A	B	C	D
PT할 내용의 전반적인 기획을 진두지휘하는 편이다.	앞에서 PT를 하는 편이다.	자료준비와 PPT 작성 등 PT사전 준비 작업을 하는 편이다.	사람들이 부담스러워하는 일을 도와주는 편이다.

4. 팀원의 발표를 들을 때 경청 방식은?			
A	B	C	D
자신이 중요하다고 생각하는 것 위주로 듣고 나중에 질문하거나, 질문 내용을 생각하느라 집중하지 못할 때가 있다.	재미 위주의 발표를 선호해 중심 내용을 놓치는 경우가 종종 있다.	발표 중에 수치나 데이터 자료의 오류와 PPT 자료의 오타 등을 유심히 관찰한다.	열심히 듣지만 질문 사항이 생겨도 딱히 묻지 않는다.

5. 팀원이 본인이 저지른 실수에 대해서 책임 전가를 하려고 한다. 어떻게 대처할 것인가?

A	B	C	D
본인에게 정확하고 직접적으로 실수에 대해 이야기한다.	팀원과 관계가 틀어지는 것이 두려워 직접 앞에서 불만을 이야기하지는 않지만, 다른 팀원들에게 가끔 푸념을 한다.	이메일로 팀원의 실수를 조목조목 따져가면서 불쾌함을 표시한다.	화가 나긴 하지만 사회생활에선 어쩔 수 없는 일이라고 생각하며 참는다.

6. 평소에 주변 사람들로부터 어떤 성향이라고 평가받는 편인가?

A	B	C	D
진취적이고 적극적이지만, 만만하지 않다.	쾌활하고 유머러스하다.	꼼꼼하지만 까칠하다.	순진하고 배려심이 많다.

7. 퇴근 한 시간 전에 타 팀장이 회식을 제안했다. 사전 약속이 있었다면 어떻게 하겠는가?

A	B	C	D
미리 선약이 있다고 말하고 빠진다.	공짜 회식은 좋다. 가장 크게 호응하며 즐거운 마음으로 참석한다.	팀장에게 다음부터는 미리 알려달라고 부탁한다.	내키지 않지만, 조용히 참석한다.

8. 팀원들과의 관계는 어떠한 편인가?

A	B	C	D
업무 중에는 트러블이 생기기도 하지만, 팀원들과 비교적 관계가 좋은 편이다.	직장 내 분위기 메이커이지만, 사이가 매우 안 좋은 팀원도 몇 있다.	딱히 친한 팀원이 없으며, 팀원들과의 관계보다 일을 더 우선시한다.	사회 생활을 하면서 딱히 사이가 안 좋은 사람은 없다.

9. 팀원에게 사과해야 할 상황이 생겼다.

A	B	C	D
간결하고 짧게 미안하다고 말한다.	팀원이 좋아할 만한 선물을 전달하면서 사과한다.	따져봐서 나만의 잘못이 아니라면 굳이 사과하지 않고, 가급적이면 이메일을 통해 상황 설명을 하며 해명한다.	애초에 사과할 일을 만들지 않는 편이지만, 사과를 할 때는 팀원이 받아들일 때까지 납작 엎드리는 편이다.

10. 사회생활에서 아부에 대한 자신의 생각은 어떠한가?

A	B	C	D
마음에 없으면 딱히 아부할 필요는 없다.	좋은 게 좋은 것. 팀원을 즐겁게 해주니 아부도 긍정적인 의미가 크다.	아부는 원칙이 아닌 편법으로 뭔가를 얻어내려는 비합리적인 것이다.	적당한 아부는 나쁘지 않지만, 나는 쑥스러워서 잘하지는 못한다.

11. 발렌타인 데이, 빼빼로 데이와 같은 날에 주로 어떻게 하는 편인가?

A	B	C	D
팀원들에게 선물을 받고 나서야 안다. 받은 다음에는 기분 좋게 "잘 먹을게!"라고 말한다.	팀원들의 책상 위에 예쁜 초콜릿을 올려 놓는다.	상술에 휘둘릴 필요가 없다. 초콜릿을 받아도 딱히 고마운 마음이 들지도 않는다.	사올까 말까 고민하다가 오버하는 것 같아서 안 사오지만, 누군가에게 선물을 받으면 '나도 사올 걸' 하고 후회한다.

12. 워크숍에서 주로 어떤 역할을 맡는가?

A	B	C	D
전반적인 워크숍 기획이나 진행 과정을 주도한다.	워크숍 이벤트에서 진행과 사회를 맡는다.	워크숍에 필요한 물품을 챙기거나 인원을 체크하는 등의 역할을 맡는다.	조용히 있는 듯 없는 듯 하는 편이다.

13. 금방 할 수 있는 일이지만, 마감이 한 달 정도 남아 있는 일이 주어졌다. 주로 언제 처리하는 편인가?

A	B	C	D
당장 급한 일을 해두고서 시간이 날 때 그 일을 시작하지만, 결코 마감을 넘기는 법은 없다.	어차피 시간이 많으니 뒤로 미뤄두다 깜박하고 마감보다 늦어질 때도 있다.	다른 일이 너무 많아 미루고 미루다 결국 마감 직전에 마무리 한다.	업무를 빨리 처리하지 못하는 편으로 시간적인 여유를 두고 처리하는 편이다.

14. 한 팀원이 회의에 필요한 물품을 준비하고 있다. 어떻게 할 것인가?

A	B	C	D
팀장이기에 그런 잡다한 일에는 신경쓰지 않는다.	"어머, 수고하네!"라는 말을 해주지만 적극적으로 돕지는 않는다.	상대의 일이 많고 적음에 대해서는 별 관심이 없다. 우선은 내 일이 너무 많다.	몰래 가서 복사라도 도와준다.

15. 출퇴근 습관은 어떠한 편인가?

A	B	C	D
상황에 따라 내 마음이 내키는 대로 한다.	지각을 자주 하는 편이다. 퇴근은 물론 칼퇴!	정시 출근을 하지만, 잔업을 하느라 퇴근은 늦게 하는 편이다.	출근은 가장 먼저, 퇴근은 가장 나중에 하는 편이다.

16. 점심시간을 대체로 어떻게 보내는 편인가?

A	B	C	D
10~15분 만에 식사를 끝내고 맘맞는 팀원들끼리 커피를 마시고 시간이 되면 들어간다.	일주일에 두세 번은 맛집을 찾아가서 식사하고 커피를 마시며 팀원들과 수다를 떨다가 점심시간을 넘겨 사무실에 들어갈 때가 종종 있다.	점심을 먹은 후 바로 사무실에 들어와 남은 업무를 처리한다.	팀원들이 하는 대로 따르는 편이다.

17. 평소 사무실의 내 책상 상태는 어떠한 편인가?

A	B	C	D
한창 바쁜 시기에는 지저분하고, 바쁜 시기가 끝나면 책상 위 물건들을 다 치워버린다.	가족 사진이나 각종 문고 용품으로 꾸며져 있다.	책상 위의 물건들이 카테고리 별로 매우 잘 정돈돼 있다.	대체로 깔끔하지만 딱히 특징이 있는 건 아니다.

18. 집안에 급한 일이 있는지 가족에게서 전화가 온다. 어떻게 반응하는가?

A	B	C	D
큰 목소리로 아랑곳하지 않고 통화한다.	목소리를 작게 하긴 하지만 딱히 자리를 옮기지 않고서 통화를 마친다.	업무 시간에 연락이 오는 경우는 거의 없다.	조용히 나가서 통화를 한다.

19. 며칠 동안 출장을 가게 되었다. 무엇을 준비할 것인가?

A	B	C	D
평소와 다르지 않다. 생각나는 것 위주로 준비한다.	출장 중에 심심하지 않도록 넷플릭스 리스트, 책, 먹을 것 등을 챙기지만, 막상 업무와 관련된 것을 한두 가지 빠뜨리곤 한다.	업무에 차질이 생기지 않도록 출장 전날 저녁까지 꼼꼼하게 짐을 챙긴다.	혹시나 필요할지 모를 팀원의 것까지 살뜰히 챙겨간다.

20. 학창시절 조 활동을 하면 어떤 역할을 맡는가7

A	B	C	D
조장	발표자	발표자료 작성자	다른 사람이 안 해서 남는 역할

21. 내일 오전에 해야 할 너무 많은 분량의 일이 갑자기 떨어졌다. 어떻게 대처할 것인가?

A	B	C	D
일사천리로 다른 팀원들에게 일을 분담한다. 중요한 업무 위주로 먼저 일을 끝내 놓는다	처음엔 당황하고 우물쭈물하지만, 주변에 친한 팀원들이 많아 이들에게 도움을 요청한다.	철야를 해서라도 일을 하지만, 세세한 부분까지 대충하는 법이 없어서 끝내 마무리 짓지 못하는 경우가 생긴다.	늦게까지 혼자 남아서 일을 끝낸다. 완성도는 떨어지더라도 면피 정도는 한다.

22. 열심히 일하지 않는 팀원이 있다면 어떻게 해결할 것인가?

A	B	C	D
따끔하게 이야기한 후, 마음을 풀어주려고 한다.	앞에서 혼내지는 못하고, 눈치를 줘서 스스로 분위기를 파악하도록 한다.	한참 참으며 두고 보다가 결정적인 실수를 했을 때, 그에 대한 마음을 닫아버린다.	'언젠가는 하겠지.'라는 생각으로 두고 본다.

23. 팀원의 잘못으로 중대한 실수가 발생했다. 윗선에 어떻게 보고할 것인가?

A	B	C	D
가급적 신속하게 사실 위주로 간결하게 보고한다.	상사가 문제가 생겼다는 사실을 알고 물어보면 그제야 얘기를 하지만, 문제 해결보다는 일단 사람이 상처받을 것이 더 걱정된다.	일의 전말이 어떻게 된 것인지 자세하게 분석하여 보고서를 작성하고 상세히 보고한다.	팀원이 최대한 곤란하지 않도록 보고한다. 그러다 보면 자신에게도 과실이 있었다고 보고할 때도 생긴다.

24. 팀원과 업무 중에 갈등이 있었다. 퇴근 후 이 일에 대한 자신의 생각은?

A	B	C	D
집에서는 이 일에 대해 생각하지 않는다.	아무리 생각해도 팀원이 잘못한 것 같아 자면서도 분하다.	완전히 해결되지 않은 부분에 대해서는 내일 다시 따져보기로 한다.	'그렇게 하지 말걸.'이라며 자신의 행동을 후회한다.

가장 많이 나온 유형이 본인의 유형이라 보면 된다. 두 개의 유형이 비슷한 비율로 나왔다면, 두 가지 유형의 특성이 모두 있는 것일 수 있다. 사람이 무 자르듯 하나의 유형으로 결정지어지는 것은 아니기 때문이다. 상황에 따라서 혹은 가정과 직장에서 서로 다른 유형으로 보일 수도 있음을 기억하자.

모든 유형은 장점과 단점이 공존한다. 좋은 유형 또는 리더에게 더욱 적합한 유형이란 없다. 이제 각 유형의 특징을 살펴보고, 유형별 행동 전략을 고민해 보자.

A 독재자형

좋고 싫음이 분명한 유형이다. 가장 리더다운 모습을 갖추었다고 생각할 수도 있다. 사람보다 일을 우선시하고, 추진력 있으며, 성과도 탁월한 경우가 많다. 그러나 때로는 매정하다거나 무섭다는 평을 듣기도 한다. 권력이 있을 때는 카리스마로 따르는 이가 많을 수 있지만, 권력이 사라지면 따르던 사람도 같이 떠날 수 있다.

독재자형 팀장이라면 상대방의 말을 끝까지 듣는 습관을 갖자. 독재자형 팀장은 본인이 듣고 싶은 것만 듣는 경향이 있다. 팀원의 이야기를 듣지 않고 자신이 궁금한 것만 생각하고 물어본다거나, 말을 중간에 자른다거나 하는 행동을 주의하자. "됐고, 그래서 결과는? 하고 싶은 말이 뭐야?"라는 말은 팀원이 무시당

한다는 느낌을 받게 한다. 이런 경험을 몇 번 하게 되면 팀원은 '앞으로 그냥 말하지 말아야지'라며 입을 닫아 버린다.

팀원이 의견을 충분히 제시할 수 있도록 팀 내 분위기를 만들어줘야 한다. 최고의 행동 전략은 바로 충분히 들어주는 것이다. 들을 때는 고개를 끄덕이거나, 표정에 변화를 주거나 혹은 추임새를 넣어주는 것이 좋다. 그러면 팀원은 자신을 존중해 준다는 느낌을 받을 수 있다.

B 만담가형

만담가형 팀장을 둔 팀은 늘 유쾌한 분위기를 유지할 수 있다. 일보다 사람이 더욱 중요하다고 여기는 만담가형 팀장은 언제나 팀의 화합에 힘을 쓴다. 하지만 무게감이 떨어진다는 평을 듣기도 한다. 따라서 사람과 일 사이의 균형을 잘 유지해야 한다. 만담가형이 아닌 팀원들의 경우, 만담가형 팀장을 능력 없는 팀장으로 평가해 버릴 수도 있다. 만담가형은 누구나 본인을 좋아한다고 생각한다. 하지만 다른 유형은 만담가형의 밝고 유쾌한 행동을 오버스럽다고 생각하고 이해하지 못하기도 한다.

만담가형 팀장이라면 다음과 같은 행동 전략을 추구해 보자.

만담가형은 스스로 성격이 좋다고 생각한다. 그래서 팀원들에게 자신의 성격을 가감 없이 드러낸다. 장점이 될 수도 있지만, 일보다 사람을 우선시하면 때때로 일에 구멍이 생길 수 있다. 만담가형 팀장이 업무에 더욱 가중치를 두기 위한 행동 전략은 개인적인 이야기를 조금 줄이는 것이다. 이것만으로도 충분히 리더십을 발휘할 수 있다. 개인적인 이야기가 서로 오고 가야 업무에서도 협업이 잘된다고 생각할 수 있지만, 그 또한 정도를 지켜야 한다. 종종 업무의 시간 낭비를 가져올 수도 있음을 유의하자.

C 연구자형

만담가형 팀장과 가장 상반된 특징을 보이는 유형이 바로 연구자형이다. 일이 생각의 중심인 이 유형은 팀원들에게 여간 마음이 쓰이질 않는다. 업무를 나눠줄 때는 팀원의 역량을 파악해야 할 뿐만 아니라 팀원들의 개인적 상황도 잘 알아야 효율적인 업무 분배가 가능하다. 연구자형 팀장은 개인사가 궁금하지도 않지만, 개인사를 들어도 잘 기억하지 못한다. 업무에 몰입하는 유형으로 일을 잘하고 성과도 뛰어나지만, 사람의 마음을 얻는 기술은 조금 부족하다.

연구자형 팀장이라면 팀원들에게 좀 더 관심을 갖고, 말을 건네 보도록 하자. '우리 팀장님이 이런 면이 있었구나' 하고 팀원들이 놀라면서 조금 더 가까워지는 계기가 될 것이다. 업무에서 큰 그림을 그려보도록 하자. 세세한 오타나 데이터의 오류를 그냥 넘어가라는 의미가 아니다. 작은 부분에만 집중하는 것이 아닌, 큰 그림을 함께 볼 수 있어야 한다. 연구자형 팀장은 자신과 다른 유형의 팀원들과 함께 일할 때, 더욱 시너지가 난다. 하지만 본인의 역량이 뛰어남을 잘 알기에 협업을 불편해한다. 본인이 모든 일에 관여하려고 하면 더 큰 사안을 도모하지 못함을 기억하라.

D 수도자형

말하는 것보다는 듣는 걸 더 좋아하는 유형이다. A형 독재자형이 과거의 리더 유형이었다면, (오해하지 말아라, 현재 리더가 될 수 없다는 의미는 아니다.) D형 수도자형은 21세기에 더욱 요구되는 리더의 덕목을 갖고 있다. 바로 경청이다. 수도자형은 표정이 온화하고, 말의 속도도 안정적이다. 이는 팀원들로 하여금 소통의 편안함을 느끼게 해준다. 반대로 A형 독재자형은 말의 속도가 빠르고, 자신의 이야기를 더욱 많이 한다고 했다. 반대의 모습이라고 생각하면 이해하기 쉽다. 어떤 유형이 더 좋고 나쁨을 의미하는 것이 아니다. 서로 다른 특성을 지녔다는 의미다.

수도자형이 추구해야 할 행동 전략은 자신의 의견을 팀원들에게 적극적으로 말하는 것이다. 팀원들은 종종 수도자형 리더를 답답하게 여기며, 의사결정을 팀원들에게 미루는 모습 때문에 리더다움을 느끼지 못할 때도 있다. 어린 시절부터 말을 많이 하지 않아서 의견을 말하기가 어려운 것일 수도 있다. 입 주변의 근육이 퇴화하면 발화가 즉각적으로 나오지 않을 수 있다. 소리를 내

책이나 신문 기사를 읽는 연습을 해 보면, 조금 더 자연스럽고 적극적으로 말할 수 있다.

리더십 유형별 행동 전략

1   독재자형 팀장
팀원의 말을 끝까지 듣는다. 공감의 표현을 적극적으로 하자.

2   만담가형 팀장
만담가형끼리만 즐겁다. 개인적인 질문을 줄인다.

3   연구자형 팀장
표정에서 시니컬함이 느껴져 거리감이 생길 수 있다. 표정을 풀고 팀원들에게 먼저 말을 건네보자.

4   수도자형
자신의 의견을 적극적으로 표현하자. 소리 내어 말하는 연습이 도움이 된다.

이직을 줄여주는 제도
: 상사선택제와 ITM

이제 팀도, 팀장도 선택하는 시대다.
상사 선택권이 주어진다면 과연 팀원들은 나를 선택할까?
선택제의 장점은 스스로 선택할 수 있다는 자율성과 본인의 선택에
책임을 지겠다는 책임감에 있다.

2006년에 설립된 '사쿠라 구조'라는 일본 기업은 '상사 선택제'
를 도입했다. 100여 명의 직원들로 구성된 이 기업의 직원들은
입사 직후, 50페이지 분량의 '반장(팀장) 매뉴얼'을 받는다. 이 매
뉴얼은 반장들이 자신의 업무 스타일을 소개하는 내용으로 구성
되어 있다. 예를 들어, '나는 관리에 자신이 있다', '나는 팀원의
실수를 용납하지 않는 스타일이다'와 같은 문항에 1~5점 리커트
척도로 점수를 표기하도록 되어 있다. 이 매뉴얼에는 각 반장이
조직 내에서 받은 평가표도 함께 제시되어 있다. 이 책자를 보고

팀원들은 함께 일하고 싶은 상사를 1지망, 2지망으로 체크해 제출한다. 3개월 뒤에 자신이 고른 팀장과 함께 일하게 되는데, 현재까지는 1지망으로 써낸 상사에게 100% 배정이 되었다고 한다.

이 제도가 시행된 후 이 기업의 이직률은 크게 낮아졌다. 제도 시작 전인 2018년 6월부터 2019년 5월까지의 이직률은 11.3%였으나, 이 제도가 시작된 후 이직률은 5.4%로 내려갔고 2022~2023년에는 이직률이 0%를 기록했다. 이 조직의 CEO는 "스스로 업무 환경과 상사를 고른 것이니 선택한 사람의 책임도 크다는 마음가짐을 갖게 된 결과로 보인다"고 했다. 팀장의 입장에서도 팀원들로부터 선택을 받으면 책임감과 자신감이 올라간다. 하지만 반대의 경우도 발생한다. 지난 4년 동안 누구에게도 선택받지 못해 팀이 해체된 경우도 두 차례나 있었다.[27]

2023년 8월 HR테크 기업인 인크루트가 직장인 767명을 대상으로 조사한 결과, 응답자의 86%가 상사선택제 도입에 대해 긍정적으로 생각한다고 답했다. 상사선택제 도입으로 기대되는 변화는 갑질 및 직장 내 괴롭힘이 줄어들 것(22.8%), 상명하복, 연공서열의 문화가 없어질 것(19.7%), 자유롭게 의견을 낼 수 있어 업무 프로세스가 더 효율화될 것(18.8%) 등으로 나타났다.[28]

한편, 많은 기업이 ITM^Internal Talent Marketplace을 통해 직무를 할당하고 팀원과 관리자(팀장)를 매칭한다. ITM은 국내 기업들이 이미 활용하고 있는 사내 공모제도와 비슷하게 충원이 요구될 때 조직 내부 구성원들에게 공개적이고 균등한 고용기회를 제공하는 제도이다. 최근에는 더욱 업그레이드되어, 직원들은 자신의 신상과 경력 정보를 업로드하고 구인 정보가 있으면 데이팅 앱처럼 적합한 직무에 매칭까지 해 준다. 〈하버드 비즈니스 리뷰〉에 실린 연구 결과에 의하면 ITM을 활용하면서 업무 만족도와 적극성이 높아졌고 이직률이 낮아졌다고 한다. 중개 과정을 단순화하고 어떤 사람과 일할지, 어떤 업무를 맡을지에 대해 팀원과 관리자가 어느 정도 제어할 수 있게 된 것이 그 이유이다. 하지만 ITM을 도입한 조직은 아직 많지 않다.

구글이 '스마트한 제너럴리스트' 채용에 관심이 있다는 사실은 널리 알려져 있다. 한 분야에서 깊은 전문성을 지닌 스페셜리스트에 비해 다양한 영역을 두루 다루는 제너럴리스트는 본인이 좋아하는 일을 선택적으로 할 수 있다. 사내 이동이 상대적으로 자유롭고 커리어 발전 기회에 관심이 많아 ITM이 큰 효과를 보고 있는 상황이다. 구글의 경우 팀원이 업무를 선택해서 지원할 수는 있지만, 항상 받아들여지는 것은 아니다. 해당 팀의 선택도 함께 받아야 한다. 구글의 리더들은 구글의 직원이라면 어느 업무든 무난히 해 낼 최소한의 역량은 갖추고 있다는 믿음이 있기에 대부분 받아들여지는 편이다. ITM이 도입되고 1년 후, 구글 임직원을 대상으로 설문조사를 한 결과 응답자의 80%가 이 제도에 대해 '만족' 또는 '매우 만족'이라고 답했다. 사내 이동에

대한 유연성이 확보되면서 인력 손실이 줄어 근속률이 올라가는 결과가 도출된 것이다.[29]

많은 직장인이 업스킬링과 리스킬링 기회를 얻고자 퇴사한다. 바꿔 말하면, 조직 내에서 업스킬링과 리스킬링의 기회가 있다면 퇴사자는 줄어들 것이다. 팀원에게 더 많은 성장 기회를 주려면 조직 내에서 팀을 자유롭게 이동할 수 있도록 제도를 마련하자. 조직 내 제도를 마련하고 다양한 경험을 통해 팀원이 진정으로 안착하고 함께 일하고 싶은 팀과 팀장을 찾도록 도와주어야 한다. 팀원은 비전이 아니라, 사람을 보고 떠나게 되어 있다.

TIP

상사선택제와 ITM제도의 장점은 자율성과 책임감이 커지는 것이다.
- **조직 내 이동이 유연하도록 기회를 열어주자.**
  직무 전환이나 사내 이동으로 다양한 기회가 존재하는 문화인가?
- **팀장 본인의 업무 스타일에 대해 객관적으로 평가해 보는 기회를 갖자.**
  팀원들이 선호하는 팀장인가?

실패하는 리더의 유형

좋은 사람이 꼭 좋은 팀장이 되는 것은 아니다.
팀원들은 사적으로 친하거나 착한 팀장보다는
배울 점이 많은 팀장을 더 선호한다.

잘 아는 K팀장에게 오랜만에 전화가 왔다. 아이의 어릴 적 친구 엄마로, 같은 워킹맘 처지인지라 자주 넋두리해 오던 사이이다. K팀장은 누구나 다 아는 미국계 글로벌 기업의 팀장이다. 3명의 팀원을 두고 있으며, 팀장을 맡은 지 6개월 남짓 되었다고 한다. 신규 팀으로 3명의 팀원은 모두 K팀장이 직접 채용했다. 시스템과 관련한 지식이 요구되었지만, 적합한 인력을 채용하기에 시간적 여유가 없었고, 다른 요구 역량인 외국어 역량이 충분한 지원자를 우선 채용했다고 한다. 최근에 팀원들이 팀장을 평가한 다면평가 결과에 대해 HR부서 임원과 면담을 끝냈다고 한다. 다면평가 결과는 말하기 부끄러울 정도의 낙제점이었다.

K팀장의 말에 의하면 3명의 팀원은 배우면서 일해야 하는 입장인데, 일을 적극적으로 배우려고 하지 않았다고 한다. 답답한 마음에 K팀장은 본인이 더 많은 일을 했고, 팀원 대신 직접 출장을 가기도 했다. 직무의 특성상 장기 출장이 잦은데, 출장을 보냈다 하면 입이 잔뜩 튀어나온다는 것이다. 나름 많은 배려를 해주면서 끌고 왔던 팀인데, K팀장은 이들의 평가에 큰 배신감을 느꼈다.

팀원들은 팀장의 배려에는 아랑곳하지 않고, "팀장님이 원해서 하시는 거예요", "팀장님이 우리를 못 믿어요"라는 답변을 늘 어놨다고 한다. '호구의 법칙'을 잘 보여주는 사례다. 물렁하게 보이면 자칫 호구로 보이기 십상이다. 좋은 사람이 꼭 좋은 팀장이 되는 건 아니다. 공과 사를 구분해야 한다. 나는 K팀장에게 오히려 이들의 평가에 고마워해야 한다고 조언해 주었다. 이번 일을 계기로 앞으로 어떻게 처신해야 하는지 깨닫는 기회가 되었으니 말이다.

때로는 팀원들이 힘들어하는 일을 팀장이 대신해 줄 수도 있다. 하지만 주의해야 할 사항이 있다. "이거는 김 사원의 업무인데, 이번만 내가 해 주는 거예요. 도움이 필요한 것 같아서 도움을 주는 거예요"라고 분명하게 말하라. 생색을 내라는 말이 아니다. 누구의 업무인지를 분명히 해야 한다는 의미이다. 이 팀원들은 K팀장을 하나 같이 착한 사람으로 평했다고 한다. 하지만 안타깝게도 능력 있는 팀장으로는 보지 않고 있었다. 기성세대였다면 정에 이끌려, 개인적인 친분 등을 이유로 좋은 평가를 했을지 모른다. 하지만 요즘 세대는 그렇지 않다. 이 팀원들을 보라. 평소에 친했던 것과는 다르게 너무나도 객관적으로 나름 공정하게 평가를 하지 않았는가.

실패하는 팀장의 가장 대표적인 유형은 두 가지다. 앞서 언급한 착하기만 한 팀장, 그리고 또 한 가지는 배울 게 없는 팀장이다. 배울 게 없는 팀장이란 능력 없는 팀장과는 다르다. K팀장은 탁월한 능력을 갖춘 팀장이다. 능력이 있기에 본인이 모든 일을 다 해왔던 것이다. 배울 점이 있는 팀장이 되려면 업무 능력은 물론 존경받을 수 있는 요소를 지녀야 한다. 실패하지 않는 팀장이 되려면 어떻게 해야 하냐는 질문을 받으면, 나는 가장 쉬운 실천 전략으로 공과 사를 구분하라고 조언한다.

공과 사를 구분하는 가장 좋은 방법은 바로 대화할 때 공적인 언어를 사용하는 것이다. 사회생활을 할 때는 '사회인의 언어'를 사용해야 한다. 먼저 호칭부터 명확하게 해야 한다. "○○야"라며 이름을 부르는 모습을 더욱 친근한 모습으로 생각할지 모른다. 하지만 누군가는 이 친근한 언어에 불편함을 느낀다.

지금까지 세대 차이를 주제로 많은 교육을 진행해 왔다. 기성

세대는 물론 신입사원들에게도 세대 차이와 관련한 교육을 진행한다. X세대를 대상으로 할 때는 Z세대의 이해를 돕고, 신입사원들을 대상으로 할 때는 꼰대들의 이해를 구하는 교육 내용으로 구성된다. 한번은 신입사원 교육 중 윗세대와 언제 세대 차이를 느끼는지 간단한 토의를 진행했다. 가장 먼저 나온 대답은 "초면에 반말 또는 반존대할 때"였다. 팀장이 사석에서 "형이라고 불러" 혹은 "언니라고 불러"라고 하는 것은 팀원을 '내 사람'으로 인정해 준다는 의미일지 모르지만, 그 순간 공적인 관계는 깨지고 만다. 서로가 사적인 언어를 사용하게 되면서 개인적인 이야기를 하게 될 수도 있다. 팀원이 사적으로 어려움을 겪고 있을 때 사적인 이야기를 편하게 할 수 있는 선배가 있는 것도 나쁘지는 않다. 하지만 관계가 좋지 않을 때는 이 이야기가 어떤 식으로 다른 팀원들에게 와전될지 모르기 때문에 항상 조심해야 한다. 또한 사적인 언어의 사용으로 무례함의 선을 넘을 수도 있다.

한번은 후배가 재직하는 회사와 프로젝트를 진행하게 되었다. 첫 미팅 차 함께한 저녁 식사 자리에서 15살 정도는 족히 많은 팀장님이 후배에게 너무도 깍듯이 존댓말을 사용하는 걸 보고 놀란 적이 있다. "저희 팀장님은요. 지금까지 10년째 저를 이렇게 존대해 주세요." 존대를 해줘서 불편하거나 거리감을 느낀다는 의미가 아니라 인격적으로 대우해 주는 것에 감사한다는 의미로 느껴졌다.

팀장들은 기억해야 한다. 팀원들은 사적으로 친한 팀장보다 배울 게 많은 팀장을 더욱 선호한다. 팀원들은 어차피 이 직장을 평생직장으로 생각하지 않는다. 대부분 3년에서 5년 주기로 이직하길 원한다. 이직을 하려면 지금 있는 곳에서 충분히 배우고 성장할 수 있는 기회가 있어야 한다. 많은 기업을 다녀보면 실제 능력이 부족해 배울 점이 없는 팀장들도 꽤 있다. 역량이 부족하다면 팀장도 스스로 역량을 키우기 위해 노력해야 한다.

실패하는 팀장의 또 다른 유형은 능력이 있지만 정보를 공유해 주지 않거나 업무의 기회를 주지 않는 팀장이다. 역량은 탁월하나 팀원들이 배울 게 없다고 느끼는 팀장은 권한위임이 부족한 경우이다. 그린버그^{Greenberg}의 이론에 따르면, 권한위임이란 팀원들에게 그들이 하는 업무 수행 방법을 스스로 관리할 수 있도록 기회를 주는 것이다. 단순히 업무를 분배하는 것이 아닌, 스스로 고민하고 의사결정을 할 수 있도록 기회를 제공하는 것이다. 권한위임은 자율성과 책임감을 부여해 주어 업무에 더욱 몰입하게 해주는 역할을 한다. 권한위임을 통해 팀원들에게 배움의 기회를 주자.

TIP

1   착하기만 한 팀장

팀원들이 일하기 싫은 티를 낸다면, 팀장이 그런 상황을 만들었을 가능성이 크다. 업무에 대해 제대로 된 설명을 해 주지 않은 채, 답답한 마음에 팀장이 일을 해치웠기 때문에 팀 내 수동적인 분위기가 형성된 것이다. 사적인 관계로 팀장과 팀원이 너무 친해져 선을 넘는 관계가 되어 버린 탓도 있다. 우선 사회적 호칭을 사용하여 공과 사를 명확히 구분하도록 하자.

2   배울 게 없는 팀장

일을 주지 않아 배울 게 없는 상황, 허드렛일만 시켜 일에 흥미를 잃게 되는 상황, 업무의 노하우를 알려주지 않고 맨땅에 헤딩만 시키는 상황 등은 팀원을 지치게 한다. 업무를 독자적으로 할 수 있도록 떼어주자. 그렇다고 혼자 고민하도록 내버려두라는 의미는 아니다. 노하우를 알려주고, 스스로 더 좋은 방법을 찾아낼 수 있게 하자. 전수할 전수할 노하우가 없다면 역량을 키워라. 지금이라도 늦지 않았다. 다양한 방법을 통해 업무 역량과 리더십을 갖추어야 한다.

성과관리를
위한 전략:
KPI와 OKR

성과관리는 결과보다 '팀원의 '성장'에 초점을 맞춰야 한다.
팀원의 장기적인 발전을 위해서는 목표 달성 여부보다
목표를 달성해 가는 과정이 더욱 중요하다.

조직은 성과로 가치를 평가받는다. 팀원은 성과로 나를 증명해야 하고, 팀장은 팀원들이 최대치의 성과를 올릴 수 있도록 리더십을 발휘해야 한다. 성과에 앞서 목표를 설정해야 하는데 목표는 어떻게 설정하고 관리해야 할까?

지금 이 책을 읽으며 스스로 목표가 있는지 점검해 보자. 예컨대, '성공적인 팀을 이끄는 팀장으로 거듭나기'라는 목표를 세울 수 있다. 그 목표를 달성하기 위해 지금 이 책을 읽고 있으며, 오늘의 핵심 과제는 '3개 챕터 읽고 적용하기' 같은 것이 가능하다.

여러 조직을 다니며 많은 직장인을 봐왔지만, 하루하루 목표 없이 그저 습관적으로 직장생활을 하는 이들도 꽤 많다. 그들의 잘못이 아니다. 팀장의 잘못이고, 조직의 잘못이라고 감히 이야기하고 싶다. 조직 자체에 목표가 없는 곳도 상당히 많다. 조직의 유지만을 목표로 두거나 '그냥 잘해 보자'라는 막연한 계획만 갖고 있는 곳도 상당히 많다. 솔직히 말해서, 아침에 출근해서야 그날 할 일을 생각하는 직장인도 다수다. 다시 한번 강조하지만, 이는 팀장과 조직의 잘못이다.

일반적으로 조직 내에서 활용되고 있는 성과관리 기법은 KPI^Key Performance Indicator와 OKR^Objective Key Results이 있다. KPI란 핵심적인 성과를 정하고 가중치와 달성 정도를 평가하는 방법이다. 특정 목표를 달성하기 위해 성과와 관련한 사항들을 측정하는 핵심성과지표를 말한다. 기업의 예를 들어보자. 기업이 매출 증가를 목표로 한다면 매출액으로 확인할 수 있는 재무적 성과가 가장 큰 평가 요소가 된다. R&D팀의 성과를 예로 들면, 더 좋은 제품과 서비스를 개발하는 것이 큰 평가 요소가 된다. 기업마다 다르지만, 보통 1년에 1회 혹은 2회 정도 평가를 한다. 그런데 KPI의 문제점이 여기서 발생한다. 매출만 증가하면 되는 걸까? 더구나 숫자로 결과를 보여줄 수 없는 디자인이나 개발과 같은 직무는 어떻게 성과를 평가해야 할까?

X디벨롭먼트(전 구글엑스)의 '포그혼 프로젝트'를 들어본 적이

있는가? 바닷물을 연료로 바꾸겠다는 포그혼 프로젝트는 프로젝트를 시작한 지 2년 만에 아무런 성과를 내지 못하고 실패했다. 실패한 프로젝트에 참여한 팀원들은 어떻게 되었을까? 일단 팀은 해체되었다. 그런데 구글엑스는 이들에게 두둑한 보너스를 지급한다. 프로젝트 종료를 발표하는 자리에서 이들은 다른 구성원들로부터 기립박수를 받는다. 도전하는 과정에서 생긴 실패였을 뿐이며, 이런 도전을 격려해 줘야 다른 조직원들이 더 큰 위험도 감수하려 할 것이다. 만약 이들의 KPI를 측정한다면 그 결과는 어떠할까? 굳이 설명하지 않아도 될 것이다. 성과측정은 해당 목표를 달성했는지 아닌지만을 평가하는 것이 아니다.

한편, OKR은 미국의 투자자이자 벤처 캐피털리스트 존 도어 John Doerr에 의해 인텔에서 처음 고안된 성과관리 기법이다. 인텔을 시작으로 실리콘밸리 기업으로 확대되어 활용되고 있다. OKR은 목표Objectives, 즉 실행하고자 하는 일을 뜻한다. '성공적인 팀을 이끄는 팀장으로 거듭나기'는 목표로 삼기에 충분하다. 핵심결과Key results는 그 목표를 달성했는지 알 수 있는 척도를 말한다. 예를 들어, 팀원들의 평가 점수 10% 향상, 한 달에 한 번 원온원 실시, 2박 3일 팀장 리더십 교육과정 수강 등이 핵심결과가 될 수 있다. 다시 말해, 목표는 질적인 측면이고, 핵심결과는 양적인 측면이라 이해하면 된다. 보통 일정 기간의 목표를 세우고, 핵심결과를 통해 목표를 얼마나 이뤘는지 확인한다. 휴랫팩커드

Hewlett Packard의 엔지니어 출신인 마티 케이건Marty Cagan은 OKR의 2가지 원칙을 다음과 같이 설명한다.

첫째, 사람들이 일을 최고로 잘하도록 동기를 부여하는 방법에 관한 것, 둘째, 성과를 의미 있게 측정하는 방법에 대한 것이라고 했다. 목표를 정한 후 무작정 그 목표가 달성되기를 기대하는 건 팀장으로서 참 무책임한 태도라 할 수 있다. OKR은 해당 목표의 성취를 확인할 수 있는 핵심결과를 함께 설정하는 것이다. KPI는 핵심적인 성과만을 평가하므로 달성가능한 만큼의 보수적인 목표를 설정하게 된다. 이 부분이 OKR이 KPI와 차별화되는 부분이다. OKR은 목표 달성 여부가 아니라 과정을 측정하며, 업무의 경중을 따지고, 팀원의 연차도 평가 기준의 고려 대상이 된다. 핵심결과의 많은 부분을 달성하지 못했더라도, 낮은 연차의 팀원이 난이도가 높은 업무를 수행했다면, 당연히 높은 평가를 받아야 한다는 것이다.

성과관리에 있어서 팀장은 다음의 사항을 고려해야 하며, 팀원들과의 합의가 이루어져야 한다.

– 업무의 경중(난이도)에 대한 논의가 이루어졌는가?
– 팀원의 연차에 맞는 핵심결과를 설정해 주었는가?

포그혼 프로젝트를 OKR로 평가한다면 어떻게 될까? 목표는 달성하지 못했지만, 핵심결과들 중에서는 달성한 부분이 분명히 있을 것이다. 업무의 결과가 아닌 과정에 초점을 두어 팀원들이 성장할 수 있는 기회로 삼아야 한다.

쉬운 예를 들어보겠다. 어느 제조회사의 영업팀 팀장이 있다고 가정해 보자. 이때 일반적인 목표는 '매출'이 될 것이다. 하지만 OKR에서 영업팀의 목표는 매출이 아니다. 매출이 목표가 된다면, 다양한 편법으로 숫자만 겨우 맞춰 놓을 것이다.

목표 (Objective)	올해 최고의 제품을 탄생시킨다.
핵심결과 (Key Results)	1. 신규 고객 획득 수 10% 증가 2. 기존 고객 재구매율 20% 증가 3. 분기별 매출 목표 OOOOO 달성
실행계획 (Initiative)	• 영업사원 교육 수립하기 • 분기별 고객만족도 조사하기 • 마케팅팀과 협동 프로젝트 진행하기

영업팀의 목표는 '올해 최고의 제품을 탄생시키는 것'이며, 이를 달성했는지를 평가할 수 있는 핵심결과는 신규 고객 획득 수, 기존 고객 재구매율 증가, 분기별 매출 목표 달성 등이 된다. 이를 위한 실행계획은 영업사원 교육 수립하기, 분기별 고객만족도 조사하기, 마케팅팀과 협동 프로젝트 진행하기 등으로 설정할 수 있다.

다시 정리해 보자. 목표는 다음과 같은 특성을 지닌 하나의 문장으로 표현되어야 한다. 질적이고 거시적인 목표, 가능한 한 길지 않은 시간제한이 있는 목표, 그리고 팀에서 해결할 수 있는 목표여야 한다. 좋은 목표와 나쁜 목표의 예는 다음과 같다.

좋은 목표의 예

- 상반기 내, 국내 최고의 커피 브랜드를 만들자.
- 하반기 공채 신규 입사자들 조직 만족도를 최고로 만들자.
- 효율적인 업무 환경으로 바꾸자.

나쁜 목표의 예

- 매출 200% 달성
- 가입자 수 2배 증가
- 투자금 10억 원 유치

나쁜 목표를 잘 살펴보자. 이는 목표가 아닌 목표를 수립하고 목표 달성을 확인하는 핵심결과이다. 핵심결과를 설정할 때 이 질문 하나만 기억하면 된다.

'목표를 달성했는지 어떻게 알 수 있지?'

핵심결과에는 보통 측정 가능한 구체적인 숫자가 나오며, 보통 하나의 목표에 세 가지 핵심결과를 정한다. 핵심결과를 통해 얼마나 성장했는지, 얼마나 참여했는지, 얼마나 성과를 냈는지, 질적인 성장은 있었는지 등을 알 수 있다. 가령 핵심결과를 '신규 고객 획득 수 10% 증가'라고 설정했다면, 통상 OKR에서는 100% 달성이 가능한 목표는 쉬운 목표로 간주한다. 목표의 50~75%가 적정한 달성 수준이라고 본다. 달성 여부를 평가하기보다 정도를 평가하는 과정에서 팀원은 더욱 성장하게 되고, 앞으로 성장할 수 있는 방법을 알게 된다.

목표 (Objective)	상반기, 국내 최고의 커피 브랜드를 만들자
핵심결과 (Key Results)	• 사용자 수 15% 증가 • 커피 브랜드 추천지수 5점 중 4점 • SNS 언급 수 10% 증가

기업은 하나의 OKR에서 출발한다. 각 팀은 조직의 OKR에 어떻게 기여할 것인가를 기반으로 정해진다. 조직의 핵심결과Key Results를 팀의 목표Objective로 가져올 수 있다. 따라서 팀장은 조직의 목표를 잘 인지하고 있어야 하며, 이 중 하나의 핵심결과를 팀의 목표로 정한 후, 팀원들의 OKR을 어떻게 설정할지 결정해야한다. 모든 팀원은 개인의 성장은 물론 회사의 목표에 기여하는 개별 OKR을 세워야 한다.

만약 영업팀이라면 199쪽과 같이 OKR을 설정해 볼 수 있다. 이를 참고하여 자신의 팀에 맞는 OKR을 작성해 보자.

● '팀장'의 OKR을 작성해 보자.

목표 (Objective)	영업팀의 매출 목표를 달성하도록 영업사원들의 업무 역량을 개발시키자.
핵심결과 (Key Results)	• 영업사원을 위한 영업 스킬 교육과정 개발(2박 3일 과정) • 영업사원의 교육 참여도 20% 증가 • 교육 만족도 5점 만점 중 4.9점 이상

● '팀원'의 OKR을 작성해 보자.

목표 (Objective)	영업사원에게 최고의 교육으로 기억에 남을 교육과정을 설계하는 콘텐츠 개발자 되기
핵심결과 (Key Results)	• 1주일 이내, 외부 기관 5곳의 영업사원 교육 벤치마킹 • 2주일 이내, 우리 조직의 영업사원의 교육 니즈 파악(지역별 3명 선정하여 인터뷰 실시) • 1개월 이내, 교육과정 파일럿 테스트 실시 및 교육 평가 4.5점 이상

이제 목표와 핵심결과가 무엇인지 대략적으로 이해가 되었을 것이다. 목표를 설정할 때 어느 정도 수준의 목표가 적합할지도 고민이 될 것이다. OKR에서는 달성 수준을 100%가 아니라, 50~75% 정도로 설정한다.

도전적인 목표가 성과관리에 유리하다는 사실은 대부분 알고 있을 것이다. 도전적인 목표를 정하게 되면 우리는 긴장하게 되는데, 이 긴장감은 뇌에 노르아드레날린이라는 호르몬을 분비시켜 집중력과 판단력이 높아진다. 적당한 긴장(각성) 상태에 있을 때 최상의 능력을 발휘할 수 있다는 여키스-도슨 법칙Yerkes-Dodson Law도 같은 의미이다.

하지만 기억하자. 도전적인 목표와 비현실적인 목표는 같은 의미가 아니다. 우리의 뇌는 비현실적인 목표에는 자극을 받지 않는다. 우리가 할리우드 스타들의 재력을 부러워하지 않듯 말이다. 달성 불가능하다는 생각이 들면 우리의 뇌는 도파민(행복 호르몬)을 분비하지 않는다. 팀원들이 달성 가능하지만 어느 정도 도전적인 목표를 설정하도록 도움을 주자.

TIP

성과평가를 할 때 유의 사항

1   **평가 툴에 연연해하지 말라**

KPI을 활용하던, OKR을 활용하던 크게 중요하지 않다. 우선 조직에서
활용하는 평가툴을 활용해야겠지만, 어떤 평가 방법이 더욱 합리적이
며 성과를 이룰 가능성이 있는지에 대해 고민해야 한다.

2   **짧은 기간을 설정하고 자주 평가하라**

1년에 1~2회 정도 평가를 하면 팀원들이 긍정적인 피드백을 받을 기
회도 그만큼 적어진다. 긍정적인 평가를 받을 만한 업무 성과가 있
더라도, 평가 기간이 너무 길어지면 어떤 성과가 있었는지 기억에서
잊힌다. 3개월 정도를 평가 기간으로 두고 3개월 동안 있었던 핵심
결과들에 대해 논의한다. 제대로 수행된 것에 대해서는 칭찬과 축하
Celebration를 해주고, 제대로 수행되지 못한 내용에 대해서는 다음 분기
에 핵심결과를 수정하거나 도움을 줄 수 있는 방법을 논의하자.

3   **목표의 달성 여부가 아닌 '성장'에 관심을 두라**

달성 여부보다 얼마나 성장했는지에 초점을 두자. 팀장은 팀원들과
목표를 협의할 때 팀원의 역량 수준과 업무의 난이도를 잘 알고 있어
야 한다. 결과만을 두고 팀원을 평가하는 오류를 저지르지 말자. 저연
차 직원과 고연차 직원의 결과를 같은 기준으로 평가할 수 없다. 업무
의 난이도를 고려해 평가하는 것 또한 팀원들과 합의가 이루어져야
한다.

할 일이 남았는데도
퇴근하는 팀원,
애플의 **DRI**를 활용하라

근태가 아닌, 성과를 관리하라.
그리고 책임을 위임하여 팀원이 자신의 업무에 철저함을 기하게 하자.
자율성이 책임감을 줄 것이다.

1913년 프랑스의 농업전문 엔지니어인 막시밀리앙 링겔만Maximilien
Ringelmann은 줄다리기 실험을 통해 집단 구성원들의 공헌도 변화
추이를 측정했다. 실험에서는 힘 측정 장치가 달린 줄을 설치한
뒤, 먼저 각 실험 참가자들의 줄 당기는 힘을 측정했다. 이어서 3
명, 5명, 8명 등으로 집단 구성원 수를 점차 늘려가며 집단 전체
의 줄 당기는 힘을 측정한 결과, 구성원이 많아질수록 힘의 수
치가 점점 작아지는 것을 확인했다. 개인이 발휘하는 힘 크기를
100%라고 가정했을 때, 구성원이 3명일 때는 85%, 구성원이 8

명일 때는 64%의 힘만 발휘하는 것으로 나타났다. 이처럼 참여자가 늘어날수록 성과에 대한 개인의 공헌도가 현격히 저하되는 현상을 '링겔만 효과Ringelmann effect'라 한다.[30]

이 연구 결과가 시사하는 바를 생각해 보면, '팀원의 협업이 과연 책임감에 도움을 주는 것일까'라는 의구심이 든다. 할 일이 남았는데 6시가 되었다고 퇴근하는 직원, 대체 어떻게 일을 시켜야 할지 고민스럽다. 이럴 때 팀원 중 누군가는 남아서 그 업무를 처리해야 하는데, 이런 상황이 자주 반복되다 보면 '나 하나쯤이야'라는 문화가 형성된다. 팀제로 업무를 하다 보면 팀원들은 서로를 의지하게 된다. 외롭지 않고 힘이 되는 것도 사실이다. 하지만 여러 명이 크로스 체크를 하다 보면 나의 업무에 구멍이 발생해도 이를 누군가가 메워주리라 기대하게 되고, 결국 업무에 빈틈이 생기게 된다. 주체성이 떨어지면 책임감도 함께 하락하는 것이다.

팀원들의 책임감을 키워주는 방법으로 애플의 DRI^Directly Responsible Individual를 적용해 볼 수 있다. DRI는 업무의 전 과정을 개인이 책임지게 하는 것이다. 모든 업무의 꼬리표에 수행한 직원의 이름이 따라온다. "이 프로젝트의 DRI는 누구인가요?"라고 모든 책임을 개인에게 지운다. 오해 없길 바란다. 이는 성공과 실패에 대한 책임을 의미하지 않는다. 결과에 책임지라는 의미가 아니라, 결과의 성패와 상관없이 해당 팀원이 맡은 업무를 책임감 있게 수행했는지를 따지는 것이다. 결과가 만족스럽지 못하더라도 과정에서 최선을 다했다면, 그 직원은 좋은 피드백을 받아 마땅하다.

애플을 시작으로 많은 기업에서 DRI를 적용하고 있다. 이케아의 경우도 DRI를 강조하는데, 가장 중요시 되는 부분은 바로 실패에 관대한 문화다. 이케아의 인사 매니저는 "프로젝트를 진행하다 보면 실수할 수 있으며, 이를 통해 새로운 방법을 배우기도 하는데, 이건 오히려 자연스러운 현상이다"고 언급한 바 있다.[31] 이케아의 또 다른 문화는 신규 직원에게도 많은 책임을 위임하는 것이다. 여기서 책임을 위임한다는 것은 실패에 대한 책임이 아닌, 업무의 최종 의사결정권을 담당자에게 주는 것을 의미한다. '정말 내가 결정을 내려도 되는 사안인가' 하는 생각에 부담될 수 있지만, 스스로 고민하고 결정하는 과정에서 팀원은 더 큰 책임감과 주인의식을 갖게 된다. 국내에서는 전문 인력으로 구성된 스타트업을 중심으로 DRI 문화를 도입하고 있다. 모요(모두의 요금제)의 경우 모든 임직원이 각자 맡은 업무의 의사 결정을 내리는 것은 물론, 업무 실행과 결과에 대한 책임까지 지는 DRI 시스템을 적용하고 있다. 모요의 CEO는 빠르게 변화하는 정보를 서비스에 적시에 적용할 수 있는 장점이 있다고 밝혔다.[32]

토스도 DRI제도를 통해 각 개인에게 업무에 대한 책임을 부여한다고 한다. 김성아 토스페이먼츠 PO는 한 인터뷰에서 "수평조직의 문제는 갑론을박만 하다가 결론이 나지 않는 것이다. 그때 DRI가 중요하다. 여러 관점에서 논의하더라도 최종 결정은 DRI의 의사를 따라야 한다. 토스는 투표를 하지 않는다. DRI 규칙을 따르기 때문에 명확하게 커뮤니케이션할 수 있다."고 언급하였다.[33] 이처럼 해당 업무의 책임은 DRI가 갖는다. 이러한 제도가 가능한 이유는 이승건 대표의 경영 가치에 있다. 그는 한 인터뷰에서 "세세한 관리가 필요 없는 뛰어난 인재를 채용하고, 그런 인재에게 최대한 자율성을 부여한다"고 말했다. 직원들에게 자율성을 최대한 부여하는 비바리퍼블리카는 정해진 규칙이나 사전 결재 시스템이 없다. 글로벌 기업 넷플릭스도 마찬가지다.

본인의 일에 책임을 지지 않는 팀원이 있다면 시스템을 고쳐보자. DRI제도를 활용해 개인이 주체적으로 일할 수 있게 한다면, 책임감이 커지고 성과 향상을 기대할 수 있다.

TIP

1 **실패가 허용되는 문화**

배달의민족은 시스템의 문제가 발생했을 때, 몇몇 개발자의 실수인 걸 알았지만 업그레이드 과정에서 발생할 수 있는 실수로 보고, 따로 문 책하지 않았다고 한다. 실패는 도전하는 과정에서 발생하며 그 과정에 서 배움도 일어난다. 실패를 해 본 팀원은 더욱 업무에 책임감을 느끼 게 될 것이다.

2 **규칙을 최소화하는 문화**

넷플릭스의 문화가 바로 '규칙 없음'이다. 스타트업을 중심으로 국내 기업도 규칙을 최소화하기 위한 정책을 활용하고 있다. 너무 많은 규 칙으로 행동에 제약을 줄 수 있기 때문이다. 행동의 제약은 소극적인 업무 형태로 나타나기도 한다. 국내 스타트업을 중심으로 여러 기업에 서 이런 조직문화를 도입하고 있다. 인공지능 기반의 서비스를 운영하 는 스타트업 '보이저엑스'는 하루에 6시간만 근무한다. 그 외의 규칙은 없다.

DRI는
결국 권한위임이다

팀장이 이것저것 챙기면 간섭한다고 하고, 권한위임을 하면 방임한다고 한다.
간섭은 관심과 다르고, 방임은 권한위임과 다르다.
하지만 이 중간을 유지하기는 참 어렵다.

한때 함께 일했던 김 팀장은 굉장히 꼼꼼한 성격의 여성 팀장이었다. 그 당시 우리는 월요일 아침에 모든 직원이 모여 지난주에 했던 업무와 이번 주에 진행될 업무를 공유하는 시간을 가졌다. 지금의 애자일 조직과 비슷한 형태였다. 내가 입사하고 얼마 지난 후, 월요일 회의 시간이었다. 김 팀장은 자신이 지난주에 했던 업무들, 그리고 이번 주에 해야 하는 업무들에 대해서 죽 이야기했다. 그러자 대표님이 김 팀장에게 이런 말씀을 하셨다. "지난 주에 한 일이 별로 없네. 그런데 이번 주에는 역시 할 일이 많고."

당시에는 그 말이 무슨 뜻인지 이해하지 못했다.

한번은 회사 차원의 큰 행사가 있었다. 장소를 섭외하는 일부터 참가자들의 기념품을 구매하는 일까지 챙겨야 할 일이 정말 많은 행사였다. 인터넷 구매가 지금처럼 활발하지 않았던 터라, 김팀장은 인터넷으로 대략적인 정보를 구하고 직접 발품을 팔아 일일이 제품을 확인하고, 그중에서도 더욱 저렴하게 구매할 수 있는 곳을 찾아 업체 직원과 협상하는 등 매우 섬세하고 꼼꼼하게 업무를 처리했다. 이런 김 팀장의 모습을 보면서 '역시 여성 팀장'이라는 생각이 들곤 했다.

한참이 지나서야 대표님이 김 팀장에게 했던 말의 의미를 깨달았다. 많은 업무를 처리했지만, 일 다운 일이 아니라는 의미였다. 대표가 볼 때는 너무 작은 일에 연연해하는 모습이 팀장으로서의 역량으로 보이지 않았던 것이다. 많은 업무를 했지만, 팀장이 할 일이 아니었다는 의미였다.

팀장은 큰 그림을 그려주되, 세부 내용은 팀원에게 위임해야 한다. 실무자일 때는 꼼꼼하다는 말이 칭찬이 될 수 있다. 꼼꼼하니 실수가 없고, 실수가 없으니 상사는 일을 믿고 맡길 수 있다. 이런 특유의 꼼꼼함을 인정받아 팀장이 되었을 것이다. 그런데 꼼꼼하다는 건 다른 말로 너무 오지랖이 넓다는 말로도 해석된다. 오지랖을 펼치다 못해 모든 일을 본인이 떠안아 더 큰 일을 처리하지 못하는 모습을 보이곤 했다. 팀원들은 김 팀장의 모습을 보고 처음에는 "열정적이다", "열심이다"라고 했지만, 팀장이 모든 실무를 직접 챙기다 보니 시간이 지날수록 자신의 역량을 향상시킬 기회가 부족하다고 느끼게 되었다.

일만 떼어 준다고 권한위임이 되는 건 아니다. 의사결정은 팀원의 몫으로 두되 애정과 관심으로 피드백을 주고, 지속적인 원온원을 통해 팀원이 발전해 나갈 수 있도록 전략을 짜야 한다. 많은 시간이 들겠지만, 이는 결국 장기적으로 팀장 본인의 시간과 에너지를 더욱 절약시켜 준다는 것을 기억하자.

작은 중소기업에 교육을 간 적이 있다. 현실적으로 중소기업에서 교육을 진행한다는 건 쉬운 일은 아니다. 하지만 CEO의 신념으로 매달 명사를 초청하는 시간을 마련한 지 꽤 되었다고 했다. 운이 좋게도 내가 그곳에 초대를 받았다. 당시 교육담당자와 인사팀 팀장님, 이렇게 딱 두 명이 있는 팀이 이 교육을 진행했다.

"시작하기 전에 제가 강사님을 소개해 드릴 거예요. 원고를 미리 준비하기는 했는데 참 떨리네요"

교육담당자의 말에 나는 혹여나 그가 부담스러울까 봐 이렇게 말했다. "부담스러우시면 제가 알아서 시작해도 돼요."

그런데 이런 대답이 돌아왔다. "괜찮습니다. 팀장님께서 제가 꼭 직접 하라고 하셨거든요. 자꾸 해 봐야 익숙해진다고요."

아하, 내가 놓치고 있던 게 있었다. 직접 해 봐야 실력이 향상

되는데, 나는 교육담당자가 역량을 개발할 기회를 박탈할 뻔했다. 팀장이 팀원에게 교육진행에 대해 권한을 위임해 주었는데, 내가 그 기회를 빼앗으려 했던 건 아닌가 하는 생각이 들었다. 지금 생각하니 그 중소기업은 대표님의 교육 마인드도 멋지고, 인사팀의 팀장님도 내공이 있던 분이셨다.

리더는 큰 그림을 그려줘야 한다. 혹여나 진행이 미숙하고 실수를 좀 하면 어떠하랴. 더 나은 인재가 되는 과정인데 말이다. 실무자일 때 능력을 인정받던 팀장이 가장 많이 하게 되는 실수가 바로 본인이 모든 일을 직접 수행하려는 것이다. 대부분 '그냥 내가 하고 말지 뭐'라는 단순한 생각에서 그러는 경우가 많다. 그 사이에 팀원은 역량을 개발할 기회를 잃게 되고, 팀장은 작은 일에 신경 쓰느라 더 큰 일을 도모하지 못하게 된다. 팀원의 역량을 믿지 못하거나 원하는 결과를 얻지 못할까 봐 불안해서 권한을 위임하지 못하는 거라면, 다음의 방법을 활용해 보자.

1. 업무를 명확하게 구체화하라

권한위임에서 가장 우선되어야 하는 일은 구체적인 정보를 주는 것이다. 해당 업무가 어떤 업무인지, 해당 업무가 왜 필요한지, 팀장이 원하는 결과는 어떤 모습인지, 해당 업무가 조직과 팀, 그리고 팀원 개인에게 어떤 의미를 주는지, 최대한 많은 정보를 팀원에게 주어야 한다. 다음의 예를 참고하자.

"나는 여러분들이 업무 현황을 일목요연하게 확인할 수 있는 주간업무 계획표를 원합니다. 주간업무 계획표를 잘 작성하면 매번 이메일을 보내지 않아도 각종 업무 현황을 빠르게 파악할 수 있고 즉시 요구되는 추가 업무도 빠르게 확인이 가능합니다. 업무가 지연될 경우 다른 일에 얼마나 영향을 미칠지도 쉽게 확인할 수 있고요. 예전 팀에서 활용하던 틀이 있는데요. 간트 차트Gantt chart도 좋은 예입니다. 최근에는 여러 가지 디지털 툴도 많이 개발된 것 같던데 참고해 보면 좋을 것 같습니다. 마감 기한은 O월 O일로 하고, 중간 점검은 이번 주 금요일에 하도록 합시다."

2. 지속적으로 피드백을 제공하라

피드백은 필요할 때 자주자주, 그리고 짧게 해야 한다고 앞서 언급했다. 이론적으로는 알지만 이를 실천하기는 어렵다. 첫 번째 이유는 팀원이 간섭한다고 느낄까 봐 두려워서다. 두 번째는 팀원의 역량을 제대로 파악하지 못해 피드백이 어느 정도 필요한지 모르기 때문이다. 하나의 예시를 들겠다.

최근 신입사원이 채용되었다. 팀원에게 신입사원을 위한 온보딩 프로그램을 설계 및 진행하라는 업무를 위임해 주었다. 이때 팀장은 팀원에게 온보딩 프로그램이 뭔지, 얼마나 중요한지, 이 프로그램이 신입사원은 물론 조직에 어떠한 영향을 미치는지, 최종적으로 원하는 모습이 어떤 모습인지 등을 구체적으로 설명해 주어야 한다. 신입 사원 출근일까지는 약 한 달 정도 시간이 있고, 온보딩 프로그램은 수습 기간에 해당하는 3개월 동안 진행된다.

이는 업무의 큰 그림에 해당한다. 먼저 업무를 일주일 단위로 나눈다. 월요일에는 이번 주 일주일 동안 해야 하는 업무에 대해 해당 팀원과 원온원을 한다. 팀장이 원하는 모습과 해당 팀원이 할 수 있는 업무에 대해서 서로 조율한다. 금요일 오전 11시에 최종 확인을 받기로 했다면, 수요일쯤에 팀장은 팀원과 짧은 미팅을 한다. 계획된 미팅은 수요일에 중간 미팅, 금요일에 최종미팅이지만, 해당 팀원은 원하는 시기에 언제든지 팀장에게 피드백을 요청할 수 있다.

구분	월	화	수	목	금
업무	• 업무 위임 • 원온원 　– 업무의 의미 　– 원하는 업무의 결과 　– 구체적인 업무 설명 　– 자료 전달		• 중간 피드백 　– 업무 진행 상황을 확인한다. 　– 팀장이 원했던 모습인지 피드백한다. 　– 때에 따라 기대하는 결과를 수정한다.		• 최종 점검(11:00) 　– 성과를 축하한다. 　– 업무결과를 기반으로 다음 주간 계획을 수정 및 변경한다. 　– 팀장이 도와주어야 할 업무를 확인한다.

피드백의 횟수나 빈도는 업무의 특성에 따라 다르게 정할 수 있다. 이는 예시일 뿐이다. 팀원이 해당 업무에 능숙해지면, 횟수와 빈도를 줄일 수 있다. 수요일에 중간 피드백을 할 때는 업무 진행 상황을 듣고, 팀원에게 설명할 기회를 준다. 배운 점과 어려운 점도 물어본다. 팀장이 원했던 모습인지 아닌지를 명확히 제시한다. 중간 피드백이 있어야 일이 크게 잘못될 여지를 줄일 수 있다. 금요일 주간 최종 점검에서 결과를 확인하고 목표를 유연하게 수정할 수 있다. 그다음 다음 주 목표를 논의한다.

3. 팀원의 성장에 초점을 두라

이 모든 과정에서 팀원의 성장에 초점을 두어야 함을 유념하자. 성공하는 팀의 특징 중 하나는 학습에 대한 생각의 차이다. 바로 학습지원과 관련된 인식이다. 이때의 학습은 조직의 성공을 위한 전략이 아니다. 팀원은 조직의 성공 따위는 관심이 없다. 냉정하게 들리겠지만 사실이다. 팀원은 본인이 성장하기 위해서 조직을 활용하는 것이며, 팀장은 이와 같은 관점에서 접근해야 한다. 팀원의 학습지원에 대한 팀장의 관심이 어느 수준인지 간단한 진단지로 알아보자.

팀장의 학습지원 인식

	질문	Yes	No
1	나(팀장)는 팀원과의 면담 등을 통해 팀원이 업무와 관련한 학습 계획을 세울 수 있도록 도움을 준다.		
2	나는 팀원의 비전(경력) 달성 여부에 늘 관심이 있다.		
3	나는 팀원이 본인의 경력개발과 관련한 목표를 정하는 데 많은 지도와 도움을 준다.		
4	나는 팀원의 업무 성과가 좋은 경우 팀원의 공로를 확실히 인정해 준다.		
5	나의 팀원들은 문제해결을 위해 나를 찾아오는 편이다.		
6	나는 팀원의 업무와 관련된 기술을 향상시킬 수 있는 교육과정에 참여할 기회를 제공해 주는 편이다.		
7	나는 팀원의 잠재력과 가능성을 인정해 준다.		

7개 문항 중 Yes의 수: 6개 이상 = 우수 | 4~5개 = 양호 | 3개 이하 = 노력 바람

다음의 각 문항은 당신이 팀원에게 권한을 '위임'하는 정도에 관한 문항들이다. 평소 당신의 생각과 상황은 어떠한지 1~5점 리커트 척도로 체크해보자. ('전혀 아니다'에 해당하면 1점에 체크하고, '매우 그렇다'에 해당하면 5점에 체크한 후 전체 점수를 합산한다.)

권한위임 진단지[34]

질문	점수				
	1	2	3	4	5
1 나는 업무 프로세스와 절차 향상을 위한 결정권을 팀원에게 준다.					
2 나는 팀원에게 업무와 관련된 것들을 개선하기 위해 필요한 변화를 감행할 수 있는 권한을 준다.					
3 나는 팀원에게 위임한 책임과 동일한 수준의 권한을 부여한다.					
4 나는 팀원이 맡은 일에 대한 책임을 갖게 한다.					
5 나는 팀원에게 성과와 결과에 대한 책임을 위임한다.					
6 나는 부서 내 직원들에게 고객만족에 대한 책임을 묻는다.					
7 나는 팀원에게 문제가 발생했을 때, 자신이라면 어떻게 대처할지 말하기보다는 자신만의 해결책을 찾을 수 있도록 도와준다.					
8 나는 업무 결과에 영향을 미치는 이슈에 대하여 팀원이 스스로 의사결정을 내릴 수 있게 한다.					
9 나는 팀원이 업무상 겪게 되는 문제에 대하여 스스로 해결책을 찾을 수 있도록 격려한다.					

 TIP

권한위임의 전략

- 업무를 명확하게 구체화하라.
- 피드백을 제공하되, 세부 업무의 의사결정은 팀원의 몫으로 두어라.
- 팀원의 성장에 초점을 맞춰라.

신규 입사자들의 이탈을 막는 온보딩

온보딩은 '인정'이다. 앞서 교육의 꽃을 신입사원 교육이라고 했다.
가장 열정이 넘치는 교육생, 이제는 잊어야 한다.
반대로 팀장이 열정을 갖고 온보딩에 집중해야 한다.
엄마 같은 마음으로 세심하게 챙겨주어야 한다.

고객사에 미팅을 갔다가 때마침 회사를 방문한 인턴사원들을 만난 적이 있다. 곧 출근을 앞둔 듯했다. 한 직원이 인턴사원들에게 사무 공간을 이곳저곳 소개해 주고 있었다.

"우리 회사는 아침을 간단하게 제공해 드려요. 여기 컵과일과 커피가 준비되어 있어요. 편하게 드시면 됩니다. 그리고 커피 머신은 언제든지 맘껏 사용하세요." 이 말에 인턴들의 환호와 물개 박수가 이어진다.

인턴들은 어떤 기분이었을까? 일단 인턴 채용 과정에 합격해서 기쁜 마음이 클 것이다. 단지 컵과일을 준다고 기뻐했던 것일까? 이들 중에는 다른 곳에서 동시에 합격 통지를 받고 분위기를 살피러 이 자리에 온 인턴도 분명히 있었을 것이다. 그런데 출근 전 사무 공간을 안내해 주고 최고급 커피 머신으로 스타벅스 급 커피를 마실 수 있다니, 그것도 무료로 말이다. '비록 인턴이지만, 이 회사에서는 나를 인정해 주는구나'라고 생각했을 것이다.

요즘에는 대부분의 대기업에서 공채가 사라졌다. 특정 시기에 집중적으로 많은 인력을 채용하는 공채 문화는 전 세계에서 몇 안 되는 나라의 문화이긴 했다. 많은 기업이 인력이 요구될 때 수시로 채용하는 조금 더 합리적인 방법으로 변해가고 있다. 그러다 보니 신규 직원의 공통 교육은 그 의미가 사라지고 대규모로 진행되던 신입사원 교육도 사라졌다. 그런데 여기서 문제가 발생한다. 수시 채용으로 입사하다 보니 신규 입사자가 너무 외롭다는 것이다. 적게는 수십 명, 많게는 수백 명까지 입사 동기가 있던 때와는 상황이 많이 달라졌다. 예전에는 '동기애'라는 말이 있을 정도로, 신입사원들끼리 서로 네트워크도 만들고 정서적 교감을 했다면, 지금은 그런 기회 자체가 사라진 것이다. 게다가 팬데믹으로 재택근무를 하게 되면서 신규 직원들은 물론이고 기존 직원들 간에도 소통할 기회가 줄어들었다. 이런 과정을 거치면서 직장을 바라보는 가치관이 달라지고 신규 입사자의 경우 조직 적응에 어려움을 겪기도 한다. 오죽하면 '퇴사'가 선택이 아니라 필수라는 말까지 나올까? '대퇴사 시대', '조용한 사직'을 넘어 '분노의 이직'까지 시대상을 반영하는 다양한 신조어를 양산하고 있다.

면접을 볼 때 지원자들은 뼈를 묻을 것처럼 이야기하지만, 막상 뚜껑을 열어보면 우리 조직은 여러 조직 중 하나의 선택지일 뿐이다. 2023년 8월 잡코리아에서 조사한 흥미로운 설문 결과가 있다.[35] 기업 10곳 중 7곳이 하반기에 신규 직원을 채용할 계획이 있다고 밝혔다. 그런데 채용의 이유가 신규 일자리를 위한 채용이 아닌, 퇴사 인력을 충원할 목적이었다. 현실이 이러하니 기업의 입장에서 신규 인력의 입사가 결정되었다고 해도, 마음을 놓을 수 없는 노릇이다. 대기업 사정도 크게 다르지 않다. 최근 MZ세대나 잘파세대에게 기업의 네임밸류보다 워라밸이나 근무 조건과 같은 복지가 더욱 중요한 기준이 되면서 대기업도 신규 인력을 유지하는 데 마찬가지로 어려움을 겪고 있다.

신규 입사자들의 이탈을 막고, 이들이 조직에 잘 적응할 수 있도록 하는 방법은 무엇일까? 2022년 11월 종합 비즈니스 플랫폼 리멤버와 한국능률협회컨설팅의 조사 결과 신입사원 10명 중 8명이 퇴사나 이직을 고민한 적이 있다고 답했다. 퇴사의 원인 중 가장 많은 답변이 "인정받지 못해서"였다.[36] 이 인정을 나는 두 가지로 나누고 싶다. 성과에 대한 인정, 그리고 사람에 대한 인정이다. 앞서 OKR을 활용한 성과평가를 제안했던 이유가 바로 이 인정 때문이다. 결과에 대한 단발적인 평가가 아닌, 목표를 이루기 위한 과정에서의 인정이 중요하다.

두 번째는 사람에 대한 인정이다. 나는 꽤 다양한 직장에 출근한 경험이 있다. '출근한 경험'이라고 말하는 이유는 근무를 했다는 기억이 없어서이다. 단 하루 출근하고 퇴사한 곳도 몇 있으니 말이다. 어느 곳은 첫 출근을 했는데, 신입사원이 출근한다는 안내를 받지 못했는지 아무도 내가 누군지 모르고 있었다. 거의 투명 인간 취급을 받았다. 꼭 그 이유만은 아니었지만, 나는 하루만에 퇴사를 결정했다. 적어도 오늘 신규 직원이 출근한다는 사실 정도는 조직원 모두가 알아야 하는 부분이다.

또 한번은 첫 출근 날 의자에 앉았는데, 의자가 중심이 잡히지 않았다. 이사님께 의자를 교체해 달라고 말씀드렸지만 거절당했다. 도저히 업무를 할 수가 없어 나는 사비를 들여 의자를 구입했다. 퇴사할 때, 나는 그 의자를 챙겨왔고 아직도 우리 집에는 그 의자가 있다. 꼭 일 못하는 사람이 연장 탓한다고 생각할 수도 있지만, 이는 단순히 의자 하나만의 문제가 아니다. 본질적인 문제는 이 경험으로 내가 이곳에서 인정받지 못한다는 느낌을 받았다는 것이다.

누구나 한 번쯤 서점을 둘러보다 표지가 예뻐서 책을 구입하거나 강의 제목이 마음에 들어서 수강 신청을 했던 기억이 있을 것이다. 하물며 소개팅 첫 만남에서 첫인상을 보고 사귈지 말지를 찰나의 순간에 결정하게 되지 않던가. 첫 출근 날의 기억, 조금 더 앞으로 돌아가서 입사가 결정되었다고 연락을 받게 된 그 순간은 합격 결과의 통보에만 그치지 않고, 나와 회사의 앞으로의 운명을 결정짓는 찰나의 경험이 된다.

최근 많은 기업이 '온보딩'이라는 용어를 사용해 신규 직원을 맞이하는 프로그램을 활용하고 있다. '온보딩'이란 비행기나 배를 탈 때 승객이 안전하게 탑승할 수 있도록 도와주듯이, 신규 직원이 조직에 수월히 적응할 수 있도록 업무에 필요한 지식이나 기술 등을 안내, 교육하는 과정을 뜻한다.[37] 최근에는 온보딩 프로그램을 '인재 유치를 위한 핵심 전략'으로까지 여기고 있다. '토스'나 '카카오뱅크'와 같은 대학생들이 선호하는 기업들은 온보딩 직무를 전담하는 직원을 따로 두고 있다.

구성원의 이탈을 막고 인재를 유지하기 위해서는 무엇보다 온보딩이 중요하다. 갤럽의 조사 결과에 따르면, 온보딩을 통해 충분한 지원을 받았다고 느끼는 신규 입사자들은 자신이 다니는 직장에 만족할 가능성이 2.6배 높으며, 이직률도 훨씬 낮은 것으로 나타났다.[38] 신규 입사자들의 안착과 적응을 돕는 온보딩 프로그램의 5단계를 알아보자.

온보딩 프로그램의 5단계

1단계. 웰컴 메시지

인사팀에서는 '합격 통보'를 전화나 문자로 안내한다. 합격 통보 뒤에 해당 팀에서는 합격자에게 웰컴 메시지를 보내도록 하자. 웰컴 메시지란 인사팀의 공식적인 합격 통보, 그리고 함께 일할 동료들의 친근한 메시지를 의미한다. 팀장이 직접 보낼 수도 있고, 아니면 함께 일할 동료들의 가벼운 문자로도 충분하다. 웰컴 메시지에 멋진 문구가 들어가는 것도 중요하지만, 공적인 합격 통보 외에 웰컴 메시지를 받았는지 여부는 매우 큰 차이를 불러온다.

신규 입사자는 합격 통보를 받은 기쁨과 동시에 '이제 무엇을 하면 되지? 다음 절차가 뭐지? 그냥 기다리면 되는 거야?' 등 여러 가지 생각이 들 것이다. 합격자를 어리둥절하게 만들지 마라. 앞으로 어떤 일이 일어날지 간단한 안내와 함께 웰컴 메시지를 보내자.

2단계. 웰컴 키트 준비

어느 고객사에 미팅을 간 적이 있다. 회의실로 안내를 받았는데, 회의실 문을 열자 테이블 위에 예쁜 박스 하나가 놓여져 있었다. 직원은 나를 위한 웰컴 키트라고 했다. 이는 신규 입사자, 혹은 나처럼 첫 미팅을 하는 고객에게 주는 선물이었다. 자사의 아이덴티티를 나타내는 색상으로 준비된 정성 어린 웰컴 키트를 받고, 미팅 내내 분위기가 굉장히 좋았던 기억이 있다. 나를 인정해 주는 듯한 느낌을 받았다.

많은 고객사를 다니다 보니 웰컴 키트와 관련된 충격적인 경험을 한 적도 있다. 한번은 멘토링 협약식을 하는 자리에서 참여한 멘토와 멘티들에게 쇼핑백을 하나씩 나눠주었다. 쇼핑백 안에는 몇 가지 물품들이 있었는데, 그중 외장 메모리가 눈에 들어왔다. 그런데 순간 내 눈을 의심했다. 타사의 로고가 찍혀 있는 게 아닌가. 다른 쇼핑백도 들여다봤다. 모든 쇼핑백에 타사의 로고가 박힌 외장 메모리가 들어 있었다. 아마도 타사의 판촉물인 듯했다. 물어보지는 않았지만, 멘티인 신규 입사자들은 쇼핑백을 받아 들고 수군거리기 시작했다. "남아서 그냥 넣었나 봐." 웰컴 키트는 물건을 나눠 쓰자는 의미의 굿즈가 아니다. 받았을 때 소속감과 나를 인정해 준다는 느낌을 줄 수 있는 물품이어야 함을 기억하자.

치약 10개, 비누 한 박스처럼 맥락 없는 웰컴 키트도 지양하자. 우리 회사에서 제조나 디자인에 참여했다면 이야기가 다르지만, 아무런 맥락 없는 굿즈는 오히려 불쾌감만 준다.

어떤 회사에서는 합격 축하 메시지와 함께 웰컴 키트를 신규 입사자의 집으로 보내주기도 한다. 꽃다발과 함께 부모님들의 선물을 준비하는 경우도 있다.

인터넷 포털에 '웰컴 키트'라고 검색하면 많은 기업에서 준비한 웰컴 키트들을 엿볼 수 있다. 지금까지 내가 경험한 웰컴 키트 품목은 다음과 같다.

- 사무실에서 개인이 사용해야 하는 비품(머그잔, 치약, 칫솔, 무선충전기, 마우스 등)
- 에코백
- 업무나 자기계발에 유용한 도서
- 회사의 아이덴티티가 드러나는 다이어리
- 태블릿 PC
- 아이팟
- 금장 명함
- 명품 명함집
- 명품 펜

3단계. 버디 매칭

입사 전부터 신규 직원에게 버디를 매칭해서 360도 전방위 안내를 받을 수 있도록 한다. 가장 중요한 건, 버디로부터 심리적 안전감을 받을 수 있게 하는 것이다. 마이크로소프트사의 경우 버디 프로그램의 버디 선정부터 철저한 과정을 거치는 것으로 알려져 있다. 직무에 대한 이해는 기본이고, 동료로부터 좋은 평판을 받은 사람만이 버디가 될 수 있다. 버디 역할을 업무로 인정해 주어 기존 업무량을 조정해 준다. 그리고 버디 프로그램의 종료 시점을 명확히 알려주어 버디가 느끼는 부담을 덜어주는 등의 장치를 마련한다. 버디 역시 버디 업무에 거부감이 없어야 신규 직원에게 긍정적인 영향력을 미칠 수 있다.

마이크로소프트사의 자체 연구 결과에 따르면 온보딩 과정에 버디가 배정된 신규 직원 그룹의 입사 첫 주 만족도는 미배정 그룹에 비해 23% 더 높았다. 3개월이 경과한 후 다시 조사했을 때, 버디가 배정된 그룹의 만족도는 첫 주보다 36% 증가했다. 입사 후 시간이 지날수록 버디 프로그램의 만족도가 더 커진 것이다. 온보딩 기간에 선배 사원과 자주 교류할수록 신규 직원의 자신감과 적응력이 향상되기도 했다.[39]

이전에 멘토링, 사수 등의 명칭을 사용한 것과 비슷한 개념이기는 하나, 용어를 어떻게 사용하는지에 따라 프로그램에 참여하는 마인드가 달라진다. 버디라는 용어가 주는 친근함은 프로그램의 취지를 잘 나타내 준다. 신규 직원의 입장에서는 궁금한 점이 참 많을 것이다. 배달의민족의 경우 인사팀이 아닌 '피플팀'을 두고 신규 직원을 관리하는 것으로 잘 알려져 있다. 2013년부터 이미 '엄마 같은 마음으로 세심하게 직원을 챙기고 신경 쓰는 피플팀'을 만들었다. 피플팀은 구성원들에게 친구가 되는 역할을 한다. 용어의 사용, 즉 네이밍이 그 기능을 잘 설명해 준다. 최근

버디 활동 횟수에 따른 업무 적응력 향상 여부

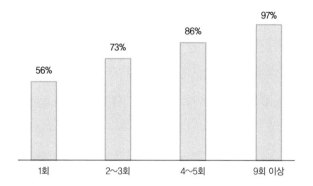

마이크로소프트의 신규 직원 설문 조사 결과
입사 초반 3개월 간 버디 활동에 참여한 신규 직원 중,
업무 적용 속도가 향상됐다고 응답한 사람의 비중
출처: 〈하버드 비즈니스 리뷰〉

에는 배달의민족뿐 아니라, 당근, 트렌비, 브랜디 등 스타트업을 중심으로 '피플팀'이 생겨나고 있다.

신규 직원들이 디지털 네이티브라 정보를 잘 구한다고는 하지만 직접 경험한 사람 혹은 해당 팀의 팀원만큼 잘 알 수는 없을 것이다. 회사 주변 주차 정보를 물어보고 싶거나 좋은 헬스장을 소개받고 싶은데, 누구에게 물어봐야 할지 신규 직원의 입장에서는 막막할 수 있다. 인사팀에 이런 질문을 하기도 쉽지 않다. 메타에서도 버디에게 '멍청한 질문Stupid Question'을 하라고 한다. 업무 이외의 적응과 관련한 다양한 이슈들은 친근한 버디가 잘 안내해 주도록 하자.

4단계. 입사 첫날의 경험

농기계 제작회사인 '존 디어'사는 미국에 비해 아시아에서 일하는 직원들의 낮은 몰입도, 높은 퇴사율이 고민이었다.[40] 이를 해결하기 위해 '출근 첫날 경험'이라는 프로그램을 만들었다. 첫 출근 날, 신입사원은 패키지 하나를 받게 된다. 이미 만들어져 있는 이메일 계정으로 존 디어사 CEO의 환영 메시지를 담은 영상, 함께 일하게 될 동료들의 환영 이메일이 온다. 모니터 메모장에는 "우리 회사에 온 것을 환영합니다"라는 문구가 적혀 있고, 배경 화면에는 "앞으로 인생에서 가장 중요한 일을 하게 된 것을 환영합니다"와 같은 웰컴 이미지가 띄워져 있다. 그리고 책상 위에는 존 디어사의 유명한 발명품과 기념품이 놓여 있다. 이러한 장치들을 통해 첫 출근날을 특별하게 만들자 직원들의 몰입도가 올라가고 퇴사율은 낮아졌다.

입사 첫날 아무런 준비 없이 신규 직원을 맞이하는 일이 없도록 하자. 신규 직원들이 출근하는 첫날 어떤 준비를 해야 하는지 아주 친절히 설명해 주자. "O월 O일 O시까지 본사 1층으로 오세요." 얼마나 불친절한 멘트인가. 이런 메시지를 받으면 궁금한 점이 생긴다. '복장은 어떻게 해야 하지?', '준비물은 뭐지?', '가서 뭐하지? 첫날부터 업무를 하나? 교육을 받나?' 폰포비아가 많은 Z세대에게는 인사팀에 전화해서 문의하는 것조차 어려울 수 있다. 그래서 부모님이 대신 전화를 해주는 해프닝이 발생하기도 한다. 신규 입사자들 입장에서 생길 수 있는 궁금증을 해소할 수 있도록 친절히 안내해 주자.

배달의민족의 경우, 신규 직원에게 유선 이어폰을 준비하고 편안한 신발을 신고 오라고 안내한다. 요즘은 유선 이어폰을 잘 사용하지 않는 터라 혹여나 블루투스 이어폰을 준비해 올까 봐 우려되어 친절한 설명을 덧붙인다. "만약 유선 이어폰이 없는 경우, 그냥 오셔도 돼요. 저희에게 여분이 있어요." 또한 시간표를 마련하여 첫날의 프로그램을 친절하게 설명해 준다. 시간표는 근로계약서 작성하기, 비품 구입하기, 사무공간 안내 받기 등으로 구성되어 있다.

BTS의 소속사 '하이브'도 신규 입사자가 오는 첫날은 부서별로 신입사원을 환영하는 깜짝파티를 준비한다. 새로운 동료를 환영하고 이를 사내에 공유해 알리기 위함이다. '인정'을 제대로 해주는 세레머니인 셈이다. 입사 후 6개월간 조직 문화를 익히고 피드백을 받는다. 월 1회 다양한 직원을 만날 수 있는 '랜덤 런치', 성과를 축하하는 '치어스데이', 공식적으로 노는 날인 '컬처데이' 등 다양한 프로그램을 마련해 두고 있다. 토스 역시 '컬쳐 에반젤리스트Culture Evangelist, CE'라는 조직문화 담당자가 신규 입사자를 위한 '입사 첫날 프로그램'을 운영한다.

5단계. 원온원

신규 입사자는 지속적인 관리가 필요한데, 이때 원온원이 도움이 된다. 버디 매칭은 친구 같은 동료와의 만남이고 원온원은 팀장 혹은 중간관리자와의 일대일 면담이다. 모든 활동은 목적을 잘 이해해야 한다. 버디와 원온원은 서로 목적이 다름을 기억하라. 버디는 친구 같은 존재로 조금 더 사적이고 가벼운 관계라 할 수 있다. 원온원은 조금 더 공적인 관계이다. 버디는 비슷한 또래와 진행이 되지만, 원온원은 팀장이 직접 참여한다. 원온원에 대해서는 뒷장에서 더욱 자세히 살펴보겠다.

 TIP

온보딩의 5단계

1 해당 부서에서 웰컴 메시지를 보낸다.
2 기억에 남을 만한 웰컴 키트를 마련한다.
3 친구 같은 버디를 매칭시켜 준다.
4 출근 첫날의 경험을 특별하게 만들어 준다.
5 지속적으로 원온원을 한다.

업무 몰입도를 높여주는
원온원

팀원과의 원온원은 선택이 아니라 필수다.
원온원을 통해 팀장은 팀원과 신뢰를 구축할 수 있고, 성장을 도울 수 있으며,
리더십 기술을 얻을 기회를 경험하게 된다.

국내 모 대기업에서 '성과 코칭을 위한 면담기법' 교육 개발 의뢰
가 들어왔다. 이 기업의 경우 팀장이 팀원을 평가하는 구조였다.
물론 동료 평가도 진행되지만, 그보다 팀장의 평가가 더욱 중요
했다. 그런데 세대가 바뀌면서 피평가자인 팀원들이 평가의 투명
성을 이야기하며 결과를 무조건적으로 받아들이지 않게 되었다.
그래서 평가와 관련한 다양한 이슈들이 발생하게 된 것이다. 1년
에 한두 번 형식적으로 하는 평가가 아니라, 성장을 위한 평가를
위해 팀원들은 팀장의 발전적인 피드백을 원하고 있었다. 이 조

직에서는 단발성 평가가 아닌, 수시로 피드백을 주는 공식적인 기회를 만들고자 '면담'을 실시했다. 성과 목표를 함께 설정하고, 진행 상황을 검토하고, 경력개발을 조언해 주거나, 업무에서의 어려움을 듣기 위한 자리였다.

그런데 평가를 위한 면담이 몇 회 진행되면서 또 다른 불만이 접수되었다. '자기 자랑만 한다', '혼나는 느낌이었다', '목적에서 벗어난 대화만 했다' 등의 의견이었다. 이에 팀장들은 면담 기법과 관련한 교육을 받게 되었다. 실제 면담을 어떻게 해야 하는지 배우지 않으면 알 수 없다. 과거에 내가 팀원에게 "남자 친구 있어?", "형제는 어떻게 돼?"라고 물어봤던 것처럼 말이다.

최근에는 면담보다는 일대일 미팅 또는 원온원이라는 용어로 더욱 많이 사용된다. 원온원이 떠오르게 된 시점은 성과관리 기법인 OKR이 유행하면서부터다. 실리콘밸리에서는 "OKR은 CFR이 전부이다"라는 말이 있을 정도로 CFR이라는 개념을 많이 언급한다. CFR은 커뮤니케이션의 한 방법으로, 대화Conversation, 피드백Feedback, 인정Recognition을 말한다.

원온원은 이러한 배경을 갖고 있다. 조금 더 수평적이고 조금 더 발전적이며, 조금 더 친근한 방법이다. 따라서 원온원은 면담이라는 용어보다 더욱 친근하게 들린다. 멘토, 사수, 선배보다 버디가 더욱 친근하게 들리는 것처럼 말이다. 전 인텔 CEO이자 OKR 개념을 창시한 앤디 그로브Andy Grove는 "한 번의 원온원으로

2주 이상 직원 업무의 질을 높일 수 있다"며 원온원의 중요성을 강조한 바 있다.

평가는 연봉협상이나 승진을 결정하는 데 아주 결정적인 역할을 한다. MZ세대들은 '성장'에 큰 관심을 갖고 있다. 미국 올리버 나사렛대가 진행한 한 연구 결과에 따르면 직장인의 76%가 멘토링이 중요하다고 답했지만, 실제 멘토가 있다고 응답한 비율은 37%에 불과했다. 특히 이 37%의 응답자 중 61%는 멘토를 회사의 도움이 아닌 자신의 힘으로 찾았다고 응답했다.[41] 많은 기업에서 멘토링 프로그램을 도입하는 듯하지만, 아직 부족한 상황이다.

최근에는 주로 원온원이라는 명칭으로 사용하지만, 사실상 기존의 멘토링과 크게 다를 바가 없다. 이 원온원도 바람이 불다 시들까 걱정이다. 원온원을 잘하지 못하는 이유는 바로 시공간의 제약 때문이다. 하지만 최근에는 온라인이라는 도구를 활용하는 방법도 있으므로, 시간과 공간에 대한 이야기는 하지 말자. 온라인 원온원이 더욱 효과적이라는 연구결과 또한 굉장히 많다. 재택근무를 해도 성과가 떨어지지 않는 것처럼 말이다. 원온원을 잘하지 못하는 또 다른 이유는 어떻게 하는지 방법을 잘 몰라서이다.

당신은 원온원을 하고 있는가? 만약 하고 있지 않다면 이제 시작할 때이다. 앞서 이야기했듯이, 원온원은 팀장과 팀원이 일대일로 진행하는 미팅을 말한다. 일대일 미팅은 서로 공평하고 수평적인 소통 문화를 만들 수 있다는 장점이 있다. 만약 원온원을 시행하고 있다면, 아래의 체크리스트를 통해 다시 한번 점검해 보는 기회를 갖자.

원온원 체크 리스트

1	정기적으로 원온원을 하는가?	• 정기적으로 진행한다. • 팀원과 시간을 정해둔다. • 적어도 한 달에 한 번은 진행한다.
2	언제 하는가?	• 원온원도 업무의 일부이므로 업무 시간 중에 진행한다.
3	어디서 하는가?	• 업무 공간도 좋지만, 조금 더 자유로운 공간을 활용하자.
4	시간이 얼마나 소요되는가?	• 시간을 정해두고 정해진 시간 안에 마쳐야 한다. • 30분 이내가 적절하다.
5	주로 어떤 이야기를 하는가?	• 성장에 초점을 두어야 한다. • 멋진 조언을 해 주려고 애쓰지 말고, 팀원의 이야기를 더 많이 듣자.

원온원은 정기적으로 해야 한다. 회사에 따라 한 달에 한 번 진행하는 경우도 있고, 조직에 따라서는 일주일에 한 번 진행하기도 한다. 실제로 많은 팀장들과 대화를 나누다 보면 일주일에 한 번씩 원온원을 하기에는 현실적으로 어렵다고 말한다. 김태강 저자의 책《아마존의 팀장 수업》에 원온원에 대한 언급이 있다. 아마존에서는 매주 상사와 원온원을 진행한다고 한다. 이 시간을

통해 업무의 진행 상황을 공유하고, 일하면서 어려운 점이나 궁금한 점을 상사에게 물어보고 도움을 요청한다.

매주 원온원을 진행하기 어렵다면 팀원에 따라 다르게 설정할 수도 있다. 온보딩 과정에 원온원이 있는 경우 더욱 자주 하기도 한다. 팀의 특성을 고려하고 팀장과 팀원의 상황에 맞게 조절할 수 있다. 단, 정기적으로 해야 한다. 그렇다면 원온원은 언제 해야 할까? 무슨 요일에 진행할지, 출근 직후 오전 시간을 활용할지, 퇴근 이후에 자유로운 시간을 활용할지 고민이 될 것이다. 무엇보다 중요한 것은 이를 공식적인 업무의 하나로 봐야 한다는 점이다. 따라서 원온원을 마친 후 "자, 이제 일하러 가자"라는 말은 적절하지 않다. 점심식사를 하면서 가볍게 이야기를 나누거나 하는 일도 되도록 삼가자. 점심시간은 법으로 정해진 휴게 시간이다. 원온원이 업무라는 것을 분명히 인지해야 한다.

원온원을 진행하는 장소로는 어디가 적합할까? 사무 공간도 충분히 좋지만, 조금 더 자유로운 공간에서 진행하면 마음이 열린다. 최근 많은 조직이 복지 차원에서 직원들이 교류할 수 있는 다양한 목적의 공간들을 마련해 두고 있다. 캔틴은 물론, 컨셉에 따라 다르게 인테리어가 되어 있는 소회의실, 놀이터처럼 꾸며놓은 휴게 공간 등을 갖춘 조직들도 굉장히 많다. 이런 장소를 활용해 보자.

원온원의 소요 시간도 규칙으로 정하고, 업무에 크게 방해가 되지 않는 선에서 진행해야 한다. 30분 이내를 권장한다. 만약 처음 원온원을 한다면 무슨 이야기를 해야 할지 고민될 것이다. 가장 쉬운 적용 방법은 다음의 3단계이다.

1단계, 현재 팀원의 여러 상황에 관해 묻는다.

2단계, 바람직한 상태에 대해 서로 의견을 나눈다.

3단계, 앞으로의 업무 진행에 대해 긍정적이고 미래지향적인 대화를 이어나간다.

원온원은 가벼운 미팅이지만, 목적이 명확해야 한다. 하지만 목적에 너무 제한을 두지 말고, 아이스브레이킹으로 대화를 가볍게 시작해도 좋다. 단, 서두가 너무 길어지면 곤란하다. 또한 긍정적인 피드백이 꼭 있어야 한다. 못한 것을 지적하기보다 제대로 수행한 일에 대해 언급하라. 이는 꼭 '칭찬'만을 의미하지 않는다. 팀원의 업무 진행 상황을 팀장이 잘 알고 있다는 언급만 해줘도 팀원은 인정받는 느낌이 들고, 동기가 강화된다. 앞서 언급했던 CFR이 그대로 적용된다. 가장 중요한 건 팀장이 아닌, 팀원이 주도적으로 대화를 이끌어가는 것이다.

원온원을 진행할 때 다음의 3가지를 유념하자.

첫째, 원온원의 목적을 명확히 하라. 성과에 대한 피드백뿐만 아니라 팀원의 성장에도 목적을 두자. 둘째, CFR(대화, 피드백, 인정)을 기억하라. 원온원은 일방적인 의사 전달이 아닌 소통 과정이며, 피드백과 인정을 꼭 언급한다. 셋째, 팀원이 원온원을 통해 심리적 안전감을 느낄 수 있게 하라. 심리적 안전감은 '신뢰'에서 나온다. 신뢰의 세 가지 조건은 좋은 관계, 일관성, 전문성이다. 어떻게 원온원을 해야 할지 막막하다면, 다음의 예시를 참고하자.

원온원 상황에 따른 대화 주제

팀장 발령 직후 팀원들과의 원온원	• OO님에 대해서 이야기 해 주실 수 있나요? • 기존 팀의 좋은 점은 어떤 부분이었나요? • 팀 내에서 수정되어야 하는 부분이 있나요? • 원하는 팀의 분위기는 무엇인가요? • OO님이 우리 팀에서 하고 싶은 업무는 무엇인가요? • 우리 팀의 가장 큰 당면 과제는 무엇이라고 생각하나요? • 우리 팀의 가장 큰 목표는 무엇이라고 생각하나요? • 목표 달성을 위해 팀장인 나에게 바라는 점이 있나요?
온보딩 팀원과의 원온원	• 본인에 대해 이야기해 주실 수 있나요? • 회사나 팀에서 하고 싶은 일은 무엇인가요? • 그 목표를 이루기 위해 우리가 뭘 도와주면 될까요? • 지난 한 주간 어땠는지 이야기 해 줄 수 있나요? • 조직 적응에 어려운 점은 없나요? • 어떤 도움이 더 필요할까요?
팀원의 성장을 위한 원온원	• 본인의 비전과 지금 업무는 어떻게 연결이 되나요? • 앞으로 담당해 보고 싶은 업무가 있나요? • 그 업무를 위해서 학습하고 있는 것이 있나요? • 성장을 위해서 앞으로 내가 뭘 도와주면 될까요?

성과(목표) 관리를 위한 원온원	• 지금 어디까지 진행이 되었어요? (다 했어요? X) • 기대하는 결과는 어떤 모습인가요? • 그 결과를 위해 앞으로 일주일(혹은 한 달) 동안 어떤 업무들을 해 나갈 계획인가요? • 지난번과(지난 분기, 작년 등) 비교했을 때 발전된 부분이 있나요? • 부족하다고 느꼈던 부분은 어떤 부분인가요? • 팀의 성과에 당신이 도움을 준 부분은 어떤 부분인가요? • 당신의 성과에 도움을 준 동료는 있나요? 어떤 부분에서 도움을 받았나요? • 언제 성장했다고 느끼나요? • 당신의 성장에 내가 도울 일은 없나요?
관계형성을 위한 원온원	• 즐기는 취미가 있나요? (사내 동아리 추천) • 요즘 MZ세대들이 즐겨 먹는 점심 메뉴는 어떤 거예요? • 근처에 그 메뉴를 먹을 수 있는 곳이 있나요? • 한번 가 봐야겠네요. • 사내에서 친하게 지내는 동료는 누구인가요? • 일하는 방식에 있어서 불편한 점은 없나요? • 업무에 도움을 주는 사람은 누구인가요? • 팀원들과의 관계에 있어서 내가 도울 일은 없나요?
부정적인 피드백을 해야 하는 원온원	• 이번 결과에 대해 어떻게 생각하나요? • 어떤 부분이 부족했다고 생각하나요? • 이 결과에 대해서 다른 동료들에게 미칠 영향이 어떠할 것으로 생각하나요? • 원하는 결과를 위해 이번 일주일(혹은 다음 평가 기간 설정) 동안 어떤 업무를 하면 될까요? • 어떤 도움이 필요한가요? 팀장의 도움이 필요한가요? 팀원의 도움이 필요한가요? • 제가 생각할 때는 충분히 좋은 면이 있습니다. 한 가지만 노력해 주면 어떨까요?

● 팀장이 활용할 수 있는 원온원 Card

– 목적(Plan): 원온원의 목적을 명확히 하고 목적에 맞는 원온원을 실시한다.

– 질문(Do): 목적에 맞는 질문을 사전에 준비한다.

– 피드백(See): 원온원을 실시한 후 팀장이 개선해야 하는 부분에 대해 성찰한다.

	날짜　　　　팀원 이름
목적(Plan)	
질문(Do)	1. 2. 3. 4. 5. 6. 7.
피드백(See)	– 나는 팀원과 목적에 부합하는 원온원을 실시했는가? – 내가 원온원을 통해 팀원과 합의한 결과는 무엇인가? – 다음 원온원에서 내가 개선해야 할 부분은 무엇인가?

TIP

원온원에서 주의할 점

● 정답을 찾으려고 하지 말자.
● 결과에 집착하지 말자.
● 방법에 얽매이지 말자.
● 업무 이야기만 하지 말자.
● 조언으로 마무리하지 말자.

생산성을 높여주는
슬기로운 회의 방법

업무는 회의의 연속이다. 긱워커, 프리랜서라 할지라도 이해관계자들과 지속적인 소통의 과정이 필요하다. 회의는 공적인 소통 과정이므로 팀장은 회의의 규칙을 잘 수립하여 팀 내 효율적인 업무 환경을 만들어 내야 한다.

2023년 직장인 614명을 대상으로 '회의'에 대한 설문조사를 실시했다.[42] 조사 결과에 따르면, 응답자의 약 70%가 회의가 불만족스럽다고 답했으며, 불만족스러운 이유로 '결론 없이 흐지부지 끝나는 회의(27%)', '상급자 위주의 수직적인 회의(24%)'라는 답이 절반 이상을 차지했다. 회의가 결론 없이 끝나는 이유는 무엇일까? 목적이 불분명하기 때문이다. 결론을 내리려면 회의의 목적이 명확해야 한다. 회의를 주최할 때 팀장은 반드시 회의의 목적을 명확히 하고 이를 팀원들과 공유해야 한다.

회의 시간은 어느 정도가 적당할까? 응답자의 61%는 이상적인 회의 시간으로 30분 이내를 꼽았지만, 실제로 30분 이내로 회의를 마치는 경우는 28%에 불과했다. 국내만의 문제는 아니다. 2022년 미국 노스캐롤라이나대학교의 스티븐 G.로겔버그 Steven G. Rogelberg 교수팀이 미국 직장인 632명을 대상으로 조사한 결과, 이들이 회의에 쓰는 시간은 주당 18시간에 이르지만, 이 가운데 3분의 1은 꼭 필요하지 않은 회의였다. 이런 식의 불필요한 회의로 인해 5,000명 이상 대기업 기준 연간 1억 100만 달러 (약 1300억 원)가 낭비된다고 추산했다.[43] 회의의 목적이 불분명하니 회의 시간도 길어지는 것이다.

효율적인 회의 방법에 대해서 논의를 시작한 지 꽤 오래 되었다. 동아쏘시오그룹의 경우 2019년부터 '회바회바 프로젝트'를 시작했다. '회바회바'란 '회의 문화가 바뀌면 회사가 바뀝니다'의 줄임말이다. 이 프로젝트에서는 '결론 내는 텐텐 회의룰'이라는 규칙을 정립해서 실행해 나가고 있다.[44] 아마존재팬에서 근무했던 사토 마사유키佐藤 將之의 저서 《아마존처럼 회의하라》에 나온 아마존 회의 규칙 중 한 가지는 침묵으로 회의를 시작하는 것이다. 여섯 장 이내로 쓰인 회의 자료를 읽는 것으로 회의가 시작된다. 회의는 누군가의 설명으로 시작되는 게 아니다. 회의는 계획된 아젠다에 대해 의사결정을 하기 위한 자리라는 것이다. 이와 같은 회의 규칙을 정하고 이를 팀원들과 공유하여 의미 있는 회의를 하기 위해 노력해야 한다.

효율적인 회의 규칙의 예를 몇 가지 나열해 보겠다.

- 월요일, 금요일 회의는 금지한다. (단, 안전의 이슈가 발생할 때는 예외)

- 예정되지 않은 회의는 하지 않는다.

- 회의 아젠다를 사전에 공유한다.

- 필요한 사람만 회의에 참석한다.

- 30∼60분 이내에 회의를 마친다. (타이머 활용하기)

- 회의에서는 아이스 브레이킹을 하지 않는다.

- 사적인 질문을 하지 않는다.

- 공평한 발언권을 부여한다. (낮은 직급부터 발언)

- 결론을 꼭 도출한다.

- 미팅 후 구체적인 실행 계획을 도출한다.

〈하버드 비즈니스 리뷰〉에 기고된 내용을 공유하겠다.[45] 미국의 업무관리 소프트웨어 개발기업인 아사나Asana의 업무혁신연구소Work Innovation Lab에서 아사나 직원 60명을 대상으로 상시회의 1,160건을 평가했다. 그 결과 회의를 취소하거나 개편하는 것만으로도 한 달에 265시간을 절약할 수 있는 것으로 나타났다. 이 결과를 바탕으로 아사나 업무혁신연구소는 성공적으로 회의를 개편하려면 다음의 5가지 조건이 충족돼야 한다고 제안한다.

첫째, 회의에 뺄셈 사고방식을 적용한다.

둘째, 일정을 완전히 비운 뒤 새로 시작한다.

셋째, 데이터를 활용해 무엇을 뺄지 결정한다.

넷째, 사내 캠페인을 통해 조직문화로 발전시킨다.

다섯째, 무작정 회의를 없애지 말고 다시 설계한다.

사람들의 '덧셈 병' 때문에 회의도 쌓여 간다. 깊이 생각하지 않고 이미 가득 찬 일정에 계속해서 더 많은 일정과 업무를 쌓아 올린다. 라이디 클로츠Leidy Klotz가 제안하는 '절반의 법칙Rule of halves'처럼 모든 회의의 횟수, 규모 등을 50%로 축소해 보자. 의미 없는 회의는 영구적으로 없애고, 나머지 회의는 시간을 단축하거나 개최 주기를 변경해 보자. 빅데이터를 활용해 어떤 회의가 낮은 평가를 받는지 살펴보고 회의를 단축한다.

위 연구에 의하면 데이터를 기반으로 평가한 결과, 수요일 회의가 가장 효율성이 떨어져 '수요일에는 회의를 잡지 않는다'는 원칙을 만들었다고 한다. 효율성이 떨어지는 요일은 조직의 특성마다 다를 수 있으므로 각 조직의 데이터를 기반으로 원칙을 구성해 보자. 회의는 무작정 없애기보다는 다시 설계할 필요가 있다. 위 연구에서 회의 일정을 취소해서 절약한 시간은 30%에 불과했지만, 회의의 규칙을 변경한 결과 그 이상의 효과를 보았다. 회의에 참석하는 인원을 줄이거나, 회의 전 아젠다를 공유하거나, 혹은 회의의 횟수와 시간을 조절하는 등의 방법으로 규칙을 변경하여 시간을 절약할 수 있었다.

많이 들어본 규칙들이고, 다 알고 있는 규칙들일지도 모른다. 하지만 실제로 많은 기업에 교육을 다니면서 질문을 하면 회의 규칙에 대해 잘 모르고 있는 조직도 많고, 조직에서 꾸려 놓은 회의 규칙은 있지만 잘 지켜지지 않는 경우가 많았다. 모든 상황이 다르기에 하나의 규칙을 따르는 것은 쉽지 않다. 그러나 규칙을 만들어 놓고 이를 지키지 못하는 것과 아예 규칙이 없는 것은 전혀 다른 문제다. 팀장은 적어도 팀 내 회의 규칙을 정하고 이에 맞게 회의를 진행해야 한다. 조직 차원의 팀 규칙이 있는 경우라도, 직무 특성상 팀마다 회의 규칙이 다를 수 있다. 앞서 탁월한 팀의 조건은 규칙과 심리적 안전감이라고 언급한 바 있다. 규칙 중 가장 기본은 회의 규칙이다. 먼저 규칙을 정한 후 회의로 인해 불편함 혹은 심리적 불안감을 느끼지 않도록 팀 문화를 조성해야 한다. 또한 새로운 팀원이 합류하면 그 규칙을 반드시 공유하자.

TIP

효율적인 회의를 위한 체크리스트

- 꼭 필요한 회의인가?
- 꼭 필요한 인력인가?
- 아젠다를 모두 공유했는가?
- 결과를 도출했는가?
- 사후 액션플랜을 도출했는가?

팀장은 팀원이 스스로
꿈을 구체화하도록
도와야 한다

《죽음의 수용소에서》의 저자 빅터 프랭클은 인생은 상황 때문이 아니라 의미와 목적이 부족할 때 견딜 수 없게 된다고 했다.
우리의 직장생활도 다르지 않다..
팀장은 팀원이 일에서 의미와 목적을 찾을 수 있게 도와주어야 한다.

팀원을 조직에 더 오래 머무르게 하는 가장 쉬운 방법은 팀원 개인의 비전을 조직에서 이루도록 만드는 것이다. 20대에 학교를 졸업하고 갓 사회생활을 시작한 이들이 일의 의미와 목표를 갖기란 쉽지 않다. 아마도 그들의 목표는 그저 빨리 취업하는 것이었을지 모른다. 팀장은 팀원들이 일의 의미와 목표를 설정하도록 도와주어야 한다.

25년 넘게 사회생활을 해 오면서 나에게 비전이나 꿈을 물어봤던 상사나 선배가 있었나 잠시 떠올려 봤지만, 안타깝게도 없었던 듯하다. 부모님은 "하루하루 열심히 살아가라"라고 하셨지만, 부모님을 비롯해 정작 나에게 꿈을 물어봐 준 어른은 없었다. 이와는 반대로 종종 나에게 꿈에 관해서 이야기하고 조언을 구하는 후배들이 있다. 사회가 변한 탓일까. 본인의 꿈을 맘껏 펼치고 도움을 구하고자 하는 MZ세대들의 자신감 있는 모습이 참 예뻐 보인다.

"박사님, 저도 나중에 박사님처럼 강의하고 책을 쓰는 일을 해 보고 싶어요." 이런 후배들이 있으면 나는 그 방법을 정성껏 공유해 준다. 딱히 대단한 방법이 있는 건 아니지만, 내가 지나온 과정에 대해서 말해준다. 하지만 상황과 시대가 다르므로 내가 걸어온 길을 구체적으로 이야기하는 것은 의미가 없다.

그래서 이들에게 2가지 방법으로 조언한다.

첫째, 일의 의미를 물어본다. 당신이 일을 하는 이유는 무엇인가? 일은 당신에게 어떤 의미인가? 일은 단지 돈을 벌게 해주는 경제적인 의미, 소속감을 주는 사회적인 의미만 있는 게 아니다.

나의 경우 일이 나를 지탱한다. 나는 일이 있기 때문에 아침에 일찍 일어난다. 나는 일이 있기 때문에 건강한 몸을 유지해야 한다. 그래서 몸에 좋은 음식을 먹고, 운동을 열심히 한다. 나는 일이 있기 때문에 책을 읽고 공부를 한다. 나는 일 때문에(바쁜 일상 때문에 물리적 시간이 부족하여) 가끔 만나는 아들에게 정성을 다한다.

이 책의 원고를 집필하는 과정도 솔직히 쉽지만은 않다. 창작의 고통뿐만 아니라 바쁜 시간을 쪼개서 집필하려면 정신적, 육체적 에너지가 많이 든다. 주변 사람들이 "그렇게 힘들면 왜 책을 써?"라고 묻기도 한다. 일이 있으므로 나는 내가 살아 있다는 걸 느끼고, 늦잠을 자거나 빈둥거릴지 모를 주말 아침에 스타벅스로 출근해 또 원고를 쓴다. 일이 나를 지탱하도록 만든다.

일의 의미는 사람마다 다르다. 교육을 다니면서 만난 교육생들의 의견은 대체로 다음과 같았다.

- 일이 곧 나를 설명해 준다.
- 일은 우리 부모님의 자부심이다.
- 일은 나의 경제적 원동력이다.
- 일은 가족이다.
- 일은 먹거리를 위한 수단이다.
- 일은 나의 미래이다.

원온원 시간을 통해 팀원이 생각하는 일의 의미가 무엇인지 물어보자. 일의 의미에 대해 대수롭지 않게 생각했던 팀원들도 이런 질문이 주어지면 다시금 생각하게 된다.

둘째, 목표를 구체화하는 방법을 알려준다. 일을 하는 목적의식이 명확하다면, 목표도 구체적일 수밖에 없다

조금 과학적인 이야기로 접근을 해 보자. 심리학자 미하이 칙

센트미하이^{Mihaly Csikszentmihalyi} 박사는 자발적으로 움직이는 사람들의 특징을 찾아냈다. 바로 내적 동기가 발동되어야 한다는 것이다. 동기 유발에 가장 필요한 요소로는 구체적인 목표, 피드백, 도전에서 느낄 수 있는 성취감 3가지가 있다.

1. 구체적인 목표: SMART 기법을 활용하자

SMART 기법은 목표를 설정할 때 사용하는 효과적인 방법론 중 하나로 회사나 조직 등에서 널리 사용된다. 목표 설정 기법의 다섯 가지 요소는 다음과 같다. 첫째, 구체적^{Specific}이어야 한다. 둘째, 측정가능한^{Measurable} 것이어야 한다. 셋째, 달성가능한^{Achievable} 것이어야 한다. 넷째, 현실적인^{Realistic} 것이어야 한다. 다섯째, 시간적 한계^{Time-bound}를 고려하여 달성 시간을 설정해야 한다. 조직이나 직무의 특성에 따라 이 다섯 가지 조건을 모두 만족하는 목표를 설정하기 어려울 수도 있으므로 크게 신경 쓰지 말자. 단, 목적은 하나이다. 조금 더 쉽게 목표를 이루기 위한 행동을 도출하는 것이다. 예를 들어 '다이어트 할 거야'라는 막연한 목표보다는 '나는 2024년 여름까지 5킬로그램을 감량해서 건강한 몸을 만들고 높은 자존감을 유지할 거야. 그러기 위해서 일주일에 3번 운동하고, 식사량은 3분의 2로 줄이자'라고 목표를 설정해야 달성할 가능성이 커진다.

팀장은 팀원이 개인의 목표 혹은 조직의 목표를 구체적으로 작성할 수 있도록 도와주자. '그 목표를 위해 어떤 행동을 할 계획인가?' '그 목표를 언제까지 이룰 것인가?' '그 목표를 이뤘는지는 어떻게 측정이 가능한가?' 등에 대해 대화를 나누고 도움을 주자.

2. 피드백: STAR 기법을 활용하자

팀장은 목표를 이루는 과정에서 팀원에게 적절한 피드백을 해줘야 한다. 이를 위해 S^{situation}, T^{task}, A^{action}, R^{result} 기법을 활용하는 방법이 있다. 즉, 어떠한 상황이었는지, 그 상황에서 기대했던 역할은 무엇이었으며, 실제 어떤 행동을 했으며, 어떠한 결과가 나왔는지에 대해 질문하고 그에 대해 피드백한다. '피드백'의 뜻을 오해해서는 안 된다. 피드백은 질책하듯 소통하는 것이 아니라, 감정을 배제하고 사실만 전달해야 한다.

결과가 만족스럽다고 답하면 축하와 함께 고생했다는 말을 건네고, 결과가 불만족스럽다고 답하면 앞으로 원하는 방향으로 나아가기 위해 어떻게 해야 할지, 무엇을 도와주면 좋을지 묻는다.

3. 도전에서 느낄 수 있는 성취감

앞서 목표는 '달성 가능'해야 하고, '현실적'이어야 하며, '시간의 제한'이 있어야 한다고 했다. 이는 성취감을 느끼도록 하기 위해서다. 실현이 불가능한 목표를 설정하면 성취감을 경험하기 어렵다. 일론 머스크^{Elon Musk}처럼 사업으로 성공해서 큰 부자가 될 거야'라는 목표는 아주 오랜 시간이 걸릴 수 있고, 그러다 보면 중도에 포기할 가능성도 크다. 성취감을 느낄 수 있도록 처음에는 달성 가능성이 높은 목표를 설정하자.

또한 성취감을 느끼려면 시간의 제한을 두어야 한다. '영어 공부하기'라는 목표는 실현 가능성이 있기는 하나, 성취감을 느낄 지점이 보이지 않는다. '1개월 안에 토익 점수 50점 올리기'와 같은 목표여야 숫자로 목표를 명확히 확인할 수 있어 성취감을 느낄 가능성이 크다. 성취감을 느끼면 도파민이 분비되어 행복감을 느끼게 되며, 그 행복감은 더 큰 목표를 수립하도록 도와준다.

팀장은 원온원을 통해 팀원 개인의 목표와 꿈을 지지해 주라. 그 꿈을 이루기 위해 조직을 활용하도록 하는 방법이 꿈을 구체화할 수 있는 최고의 방법임을 기억하라.

TIP

팀원의 목표를 구체화할 수 있는 질문

- 일은 당신에게 어떤 의미인가요?
- 당신은 궁극적으로 무엇을 성취하길 원하나요?
- 목표를 달성하기 위한 구체적인 계획이 있나요?
  (당장 어떤 행동을 할 건가요?)

'대퇴사'를 넘어
'아름다운 퇴사'를 위해

팀원들의 퇴사는 자연스러운 현상이다.
조직은 피라미드 구조로 위로 올라갈수록 인력이 줄어드는
업-앤드-아웃Up-and-Out이 당연하다.
따라서 퇴직을 긍정적으로 활용할 수 있는 방법을 고민할 때이다.

OECD 가입국의 직장인 평균 근속연수는 10년 정도다. 일본은 그보다 조금 더 긴 11년, 한국은 5년, 미국은 4년이다. 한국이나 미국의 경우 4~5년마다 이직을 한다고 볼 수 있다. 미국의 컨설팅 펌 맥킨지는 직원의 퇴직을 부정적으로 여기지 않는다. 직원들은 처음 입사할 때부터 승진하지 못할 수 있다는 것을 안다. 조직원 모두가 업-앤드-아웃 시스템을 잘 이해하고 있다. 팀장이나 임원의 자리가 한정되어 있기 때문에 일부는 이직을 직접적으로 권유 받기도 한다. 맥킨지의 경우 지원자의 1%만 채용 오

퍼를 받는다. 많은 사람이 이 회사를 선호하는 이유는 이곳의 경험을 발판 삼아 다른 회사에서의 커리어를 잘 이어나갈 수 있으리라는 기대 때문이다. 또한 맥킨지를 떠난 후에도 계속해서 커리어를 가이드해 주는 '퇴직자 동문 커뮤니티'를 운영한다.

이제 막 퇴직을 한 사람의 경우 이 커뮤니티를 통해 과거 직원들의 성공 스토리를 듣고 동기부여와 영감을 받을 수 있다. 자연스럽게 전 직장인 맥킨지를 열렬히 홍보하게 되며, 이제 막 퇴직을 한 이들은 큰 용기를 얻어 더 큰 성장을 기대하게 된다.

'퇴직자 동문 커뮤니티'는 두 가지 이점이 있다. 첫 번째 이점은 업-앤드-아웃 규칙에 맞게 의도적 감소현상intentional attrition이 자연스럽게 일어난다. 두 번째 이점은 퇴사자 중 일부는 타사에서 능력을 잘 쌓아 다시 맥킨지로 돌아오는 부메랑 직원이 된다. 고용주의 입장에서 이미 맥킨지 문화를 잘 알고 있는 부메랑 직원을 마다할 이유가 없다. 팀원들의 퇴사를 정상적인 프로세스로 여기고 팀원이 경력을 잘 설계해 나갈 수 있도록 돕자. 다음으로, 직원들의 퇴직에 대처하는 방법과 이를 긍정적으로 활용하는 방법을 알아본다.

1. 영원하지 않다는 사실을 처음부터 인정하라

현 직장은 팀원이 다른 회사에서 기회를 얻도록 도울 의무가 있다. 팀원들이 탁월한 성과를 내고, 이를 발판삼아 이직을 준비하고자 한다는 사실을 솔직히 터놓을 수 있는 조직 문화를 만들어야 한다.

맥킨지 최고 인사 책임자인 케이티 조지Katy George는 "역량을 키우거나 회사를 떠나라Grow skills or go"라고 했다. 맥킨지의 경우 직원에게 막대한 투자를 한다. 교육에 기반을 둔 맥킨지의 업-앤드-아웃 평판 덕분에 구글, 애플 등 매력적인 고용주들은 맥킨지 경력이 있는 지원자가 제출한 이력서를 유심히 살펴본다.

교육, 멘토링에 자원과 정성을 다해 투자하면 팀원들은 퇴직 후에도 조직과 팀에 대해 좋은 기억을 간직하게 된다. 이를 토대로 조직의 평판을 쌓을 수 있다. 이 평판은 훌륭한 인재를 영입할 수 있는 유인책이 된다.

2. 내부 인재를 승진시키고 팀원의 이동을 자유롭게 하라

팀장은 핵심 인재를 유지하려고 본의 아니게 팀원의 발목을 잡는 경향이 있다. 고성과자들은 승진이나 원하는 자리로 이동할 수 없으면 회사를 떠난다. 고성과를 내는 팀원을 유지하려면 나의 울타리 속에 가두기보다 그의 성과에 대해 더욱 높게 평가하고 승진이나 이동의 기회를 자유롭게 주어야 한다.

이동을 자유롭게 하려면 내부 구인 게시판이 명확하고 접근이 쉬워야 한다. 채용할 때 내부 후보자를 우선시하고 현재의 팀을 떠나 다른 팀으로 가겠다고 지원하는 것을 바람직한 조직 문화로 만들자. 서로의 성장을 축하하고 장려하는 문화를 만들어 팀원들이 조직 내에서 자신의 커리어를 확장할 수 있도록 기회를 주라. 그러면 다른 팀원들도 동료의 성장에 긍정적인 자극을 받게 된다. 자신도 승진할 수 있으리라는 기대와 내적 동기가 자연히 생길 것이다.

평가나 원온원을 통해 정기적으로 논의하고 자연스럽게 내부 이동을 가능케 한다면 팀원들은 이를 성장의 기회라 여기고 이직보다 승진이나 업무 이동을 꾀하게 된다.

3. 퇴직 팀원을 계속 기억하라

팀원이 퇴사하고 새로운 팀원이 영입되면, 우리는 과거의 팀원을 잊어버리게 된다. 맥킨지는 퇴직 커뮤니티를 통해 퇴사자들의 근황을 지속적으로 알린다. 퇴사한 직원의 훌륭한 성과를 공유하고 축하한다. 이 과정에서 인재가 영입되기도 한다.

마치 대학의 동창회보 같은 역할이다. 내가 졸업한 학교에서도 매달 집으로 동창회보를 보내온다. 동창회보에는 동문들의 근황이나 성공스토리가 담겨 있다. 동창회보는 회원제로 동문들의 회비로 유지가 된다. 맥킨지도 퇴직 커뮤니티를 제대로 발전시키려면 뉴스레터처럼 간단한 '회원제 커뮤니티'를 시작하라고 한다. 연락 유지, 뉴스와 이벤트 공유, 비공개 정보의 공유, 동문들의 동향을 공유하는 프로그램으로 말이다.

퇴사자 커뮤니티의 수를 늘리려면 어떤 방법이 있을까. 아이러니하게 직원들이 정기적으로 퇴사해야 한다. 떠나는 이들과 웃으며 작별 인사를 하고 미래의 성공과 기회를 축하해 주자. 퇴사한 후에도 연락을 유지하고, 개인의 성공을 축하해 줘야 한다. 퇴직 커뮤니티를 통해 커리어 특집 기사를 내고 과거의 직장이 커리어의 발판이 되었음에 자부심을 갖자.

4. 팀원을 붙잡아 둬야 한다면 대안을 제시하라

퇴직과 이직이 자연스러운 수순이라고 하지만, 지금까지 합을 맞춰 왔던 팀원과의 협업에 변화를 주고 싶은 마음이 없을 수도 있다. 웬만하면 같이 가길 원할 수도 있다. 이럴 경우, 원온원을 통해 퇴사나 이직의 낌새를 미연에 방지하거나 알아채는 방법이 가장 좋다. 하지만 팀원이 퇴사하겠다는 결심이 강건하다면 어찌해야 할까?

2022년에 위드 코로나로 사회적 거리두기가 완화되면서 해외 출장의 기회가 생겼다. 런던에서 며칠 일한 뒤 자유 시간이 주어졌다. 오랜만에 런던을 방문한 터라 하루 날을 잡아 단체 관광에 참여했다. 같은 팀에 20대 후반의 여성 D가 있었는데 혼자서 여행을 왔다고 했다. D는 바이오와 관련된 조직에서 연구원으로 일하는 직장인이었다. 그런데 영국에서 한 달, 그리고 프랑스에서 한 달을 여행하고 한국에 돌아간다고 했다. 어떻게 직장인에게 두 달의 휴가가 주어질 수 있는지 궁금하던 차에 이런저런 개인적인 이야기를 나누게 되었다.

D가 재직 중인 곳은 야근이 굉장히 잦은 조직인데, 시간이 지나자 피로가 누적되어 몸이 아프기 시작했다고 한다. 몸이 너무 아파 퇴직을 하려고 인사팀장을 찾아갔더니, 퇴사를 허락해 주지 않더란다. 지금 인력난에 회사도 많이 힘들다며 퇴사를 만류했다고 한다. 그러면서 두 달의 휴가를 주었다는 것이다. 이로부터 한참이 지난 후 한국에서 D를 다시 보게 되었다. 다시 복직을 했고, 한결 밝아진 모습이었다.

얼마 전 TV예능 프로그램 〈유퀴즈〉에 M본부 김대호 아나운서가 출연한 방송을 보게 되었다. 최근 많은 예능에서 본인의 매력을 한껏 발휘하고 있지만, 입사하고 얼마 안 되었을 무렵 퇴사를 결심했던 적이 있었다고 한다. 방송에 재능이 없는 것 같고, 선배들에게 혼이 나기도 하고, 더는 견디지 못하겠다는 판단에 사표를 제출하려고 했는데, 상사들이 만류했다고 한다. 그 대신 조금 쉬었다 오면 어떻겠냐는 제안을 받았다. 그렇게 3개월의 휴가를 받고 아무 계획 없이 남미 여행을 가게 되었는데, 며칠 쉬고 나니 회사와 자신의 일에 대해 다시금 생각하게 되었고, 결국 휴가를 마치고 회사에 복귀하게 된다. 팀원이 개인적인 사유나 업무에 대한 고민으로 퇴사를 희망할 때, 잠시 쉬는 시간을 주면 생각을 전환하는 계기가 될 수 있다.

TIP

팀원이 "드릴 말씀 있습니다"라고 말한다면, 90%는 분명 퇴직에 대한 의사를 전달하고자 함이다. 이때 팀장은 어떤 행동을 취해야 할까? 다음의 3가지 방법을 권장한다.

- '퇴직자 커뮤니티'를 만들어 퇴직을 아름답게 활용하자.
- 사내 이동을 적극적으로 활용하여 성장의 기회를 부여하자.
- 잠시 쉬었다 오도록 기회를 준다.

업무 역량 위에
커뮤니케이션 역량이
있다

이제는 명령과 지시가 아닌 배려의 말하기가 요구된다.
그렇다고 착하기만 한 총알받이가 되라는 의미가 아니다. 팀장으로서 할 말은
하는 중간 정도의 온도를 가진 커뮤니케이션 역량을 갖추자.

휴넷에서 팀장 만족도를 조사한 결과, 응답자 전원이 팀장의 자
기계발이 필요하다고 응답했으며, 꼭 공부했으면 하는 분야로는
조직관리(28.1%)와 커뮤니케이션 스킬(26.6%)을 꼽았다.[46] 조직
관리도 커뮤니케이션을 통해 이루어지니, 절반 이상이 커뮤니케
이션 스킬을 요구하는 것으로 이해해도 좋을 것이다. 커뮤니케이
션의 중요성을 그렇게 강조했지만, 아직 많이 부족한 모양이다.
어느 기관에서 팀장 교육을 진행한 적이 있는데, 강의실 벽에 포
스트잇 수십 장이 붙여져 있었다. 포스트잇에는 '소리 지르지 마

세요. 깜짝깜짝 놀래요', '그런 눈빛은 무섭답니다. 저희를 부드럽게 바라봐 주세요', '반말은 사양할게요', '지시하는 듯한 말투는 싫어요' 등의 내용이 쓰여 있었다.

지난달에 신규 직원을 대상으로 교육을 진행했는데, 팀장들의 커뮤니케이션 방식에 대한 불만이 나와 의견을 받았다는 것이다. 이 의견들은 물론 익명으로 작성이 되었고, 팀장들이 볼 수 있도록 벽에 전시를 해둔 것이다. 팀장들은 "아, 내가 그랬나?"라는 반응도 있었지만, 대부분은 오해라고 했다. 오해일 수 있다. 본인의 의도와 다르게 전달이 됐을 수 있다. 만약 그렇다면 행동에 변화를 줘야 한다. 하지만 나의 경험에 비추어 볼 때, 팀장들의 진심이 그대로 전달된 것일 수도 있다고 생각한다. 나도 종종 Z세대 아들에게 핀잔을 들을 때가 있다. 내가 평소와 다르게 짜증 섞인 말투로 말하면 아들은 "엄마, 그냥 화내고 싶으신 거죠?"라고 반문할 때가 있다. 솔직히 뜨끔한다.

"말 한마디에 천 냥 빚도 갚는다", "'아' 다르고 '어' 다르다", "가는 말이 고와야 오는 말이 곱다", "침묵은 금이다" 등 유독 말과 관련된 속담이 참 많다. 이는 어찌 보면 당연하다. 우리는 깨어 있는 시간 대부분을 커뮤니케이션을 하며 지낸다. 핵가족, 1인 가구가 대부분이라 가정에서의 소통은 줄었지만, 다양한 소통 툴을 활용한 커뮤니케이션은 늘어났다. 팬데믹을 거치면서 재택근무를 하는 기업이 늘었지만 직접 대면하지 않더라도 문서나

채팅 등 다양한 형식으로 커뮤니케이션을 하게 된다. 앞서 언급한 온보딩 프로그램, 원온원, 회의 등은 모두 커뮤니케이션을 통해 이루어진다.

상사의 막말로 스트레스를 받아본 적이 있는가? 내가 직접 듣지 않더라도, 간접적으로 듣는 것만으로도 부정적인 영향을 받게 된다는 사실이 연구로 밝혀진 바 있다. 미국의 한 병원에서 실험으로 선배 의사가 동료를 심하게 꾸짖는 것을 듣게 했다. 무례한 언쟁을 들은 사람들은 원래의 잘못된 진단에 매달릴 가능성이 다른 사람들보다 10배 가까이 높았다. 무례한 일을 당하면 이것이 '부정적인 각성'을 유도해 이어지는 작업에서 사람들의 초점을 좁힌다는 사실이 이 연구를 통해 밝혀졌다. 바로 기준점 편향(처음 접한 정보가 기준점이 되어 판단에 지속적인 영향을 미치는 현상)에 빠질 가능성이 매우 크다는 것이다.[47]

그런데 아이러니하게도 최근 조직에서는 막말이 크게 줄었다. 이유가 무엇인지 아는가? 팀원들이 이를 녹음해서 블라인드와 같은 커뮤니티에 공개하다 보니 증거를 남기면 안 된다는 암묵적인 동의가 생겨버린 것이다. 비록 막말을 하지는 못하지만 눈에서 레이저가 나간다고 한다.

최근 많은 기업이 과거와는 다른 의사결정을 내린다. 바로 탈중앙화이다. 관리자들은 조직원들에게 많은 힘을 실어주고 있다.

기업 경영의 패러다임이 유지관리에서 변혁으로 변화된 지 오래되었기에 기존에 갖고 있던 권력의 상당 부분을 포기해야 했다. 〈하버드 비즈니스 리뷰〉에 발표된 논문에 의하면 'C-레벨에게 가장 중요한 스킬'로 '피플 스킬people skill'의 중요성을 강조한다.[48] 다른 말로 대인관계 스킬, 의사소통 스킬, 소프트 스킬을 의미한다. 나는 교육을 할 때, 커뮤니케이션 스킬을 따로 전달하지는 않는다. 그 대신 피플 스킬을 두루 갖추면 팀원들은 팀장의 진정성을 알아줄 것이라고 이야기한다. 세련된 커뮤니케이션 기법보다, 조금 서툴더라도 진정성 있는 기법이 훨씬 인간답고 매력적으로 느껴진다. 커뮤니케이션의 단편적인 스킬을 학습하기보다 내가 그런 사람이 되라고 전달한다. 그러면 사람들은 머리로는 알지만, 몸이 따라주지 않는다고들 한다. 몇 가지 스킬만이라도 익혀보자. 팀장들은 팀원들이 부담 없이 소통할 수 있는 팀 문화를 만들어야 한다. 팀원들이 더 많은 의견을 발언할 수 있도록 해야 팀 성과를 이끌 수 있다. 팀원들의 의견을 끌어낼 수 있는 커뮤니케이션 스킬 몇 가지를 제시하고자 한다.

팀장의 커뮤니케이션 스킬

1. 들어주기

UCLA 심리학과 명예교수인 앨버트 메러비안Albert Mehrabian의 책 《침묵의 메시지Silent Messages》에서 하나의 실험 결과를 소개한다.

이 실험은 커뮤니케이션에서 말의 내용보다 비언어적 요소가 더욱 중요하다는 사실을 알려준다. 실험 결과, 말의 의미보다는 목소리 톤과 음색이 더욱 중요했으며, 이보다 더 중요한 건 눈 마주침 혹은 표정과 같은 시각적 요소들이었다. 시각적 요소의 영향력은 55%, 청각적 요소의 영향력은 38%, 그리고 말의 내용이 끼치는 영향력은 단 7%에 불과했다.

친구와 대화를 나누다 보면 종종 "너 지금 내 말 듣고 있어?"라고 확인할 때가 있다. 표정이나 태도를 보고 왠지 듣고 있지 않다는 느낌이 들어서이다. 이처럼 가장 중요한 것은 시각적인 부분이다. 경청하고 있다는 느낌을 줄 수 있는 행동의 구체적인 예를 들면 다음과 같다.

- 상대의 눈을 똑바로 바라보기

  (시선을 옆으로 흘리지 않도록 상체가 상대를 향하도록 한다)

- 핸드폰 보지 않기

  (미팅이나 회의할 때는 핸드폰을 비행기 모드로 해두는 것도 좋은 방법이다.)

- 눈이 웃는 진짜 미소 짓기

  (뒤센의 미소는 진짜 미소를 지을 때 움직이는 근육을 발견한 신경심리학자 기욤 뒤센Guilaume Duchenne의 이름을 딴 미소[49]이다. 입이 아닌 눈이 웃는 미소를 연습하라.)

- 팔짱 끼지 않기

(인간은 방어적인 심리일 때 팔짱을 끼게 된다. 면접을 보거나 소개팅 자리에

서 팔짱 끼는 자세를 취하지 않는다.)

2. 공감하기

[대화 1]

팀장	요즘 일은 좀 어때?
팀원	김 과장이 해외 출장을 가서 제 일이 두 배로 늘어났습니다. 너무 바빠서 워라밸이 안 됩니다.
팀장	나도 워라밸이 안 되는 건 마찬가지야. 박 대리가 작년에 해외 연수를 가는 바람에 내가 어땠는지 알아? 너무 힘들었다고… 조금만 참아봐, 곧 돌아오잖아.

[대화 2]

팀장	요즘 일은 좀 어때?
팀원	김 과장이 해외 출장을 가서 제 일이 두 배로 늘어났습니다. 너무 바빠서 워라밸이 안 됩니다.
팀장	힘들겠군요. 뭐가 제일 힘들어요? 내가 뭘 도와주면 될까요?

[대화 1]의 상황은 결국 '라떼는'이다. 나도 힘들었으니 나를 공
감해 달라는 넋두리이다. 공감의 대화는 [대화 2]처럼 흘러야 한
다. 상대의 입장에서 생각하고 커뮤니케이션을 해야 한다. 자신
이 겪은 비슷한 경험을 예로 들면서 공감을 하려는 이도 있지만,
상대는 나의 이야기에는 관심이 없다. 나의 이야기는 넣어두고,

팀원의 이야기를 들어라.

3. 질문하기

질문은 열린 질문, 긍정형 질문, 그리고 미래형 질문이어야 한다.

좋은 질문	나쁜 질문
"어떻게 생각해요?" (열린 질문)	"잘했다고 생각해요?" (닫힌 질문)
"이 업무 할 수 있죠?" (긍정형 질문)	"뭘 잘못했는지 말해 봐요." (부정형 질문)
"이 일을 완수하기 위해 뭘 더 하면 되죠?" (미래형 질문)	"그걸 왜 안 했죠?" (과거형 질문)

매번 어떤 질문에 속하는지 고민하면서 활용할 필요는 없다. 질문에 대해 팀원이 할 말이 많다면 적절한 질문이다. 질문에 대한 대답이 막힌다면 적절치 않은 질문이다. 상대에게 말할 기회를 주고자 질문하는 것임을 기억하자.

닫힌 질문 (Close Question)	"잘했다고 생각해요?"	이에 대한 답은 이미 정해져 있다. "잘못했다"고 잘못을 시인해야 할 것 같은 느낌을 준다.
부정형의 질문 (Negative Question)	"뭘 잘못했는지 말해 봐요."	잘못된 부분이 있다면 업무를 처리한 본인이 가장 잘 알고 있다. 이를 굳이 확인할 필요가 있을까? 앞으로 다시는 같은 일이 반복되지 않도록 하는 게 주목적이어야 한다. 더 나은 방향을 끌어낼 수 있도록 질문하자.

과거형의 질문 (Past Question)	"그걸 왜 안 했죠?"	이러한 질문에는 핑계만 대게 된다. 핑계는 발전에 도움이 되지 않는다. 잘못을 추궁하기보다 더 나은 방법이 무엇인지 물어보자.

4. 조직문화로 만들기

감정이 전염되듯, 언어 습관도 서로에게 영향을 받아 전염된다. 팀장의 잘못된 커뮤니케이션 스킬을 누군가가 배워, 조직 문화로 만들어내면 좋지 않은 문화가 양산된다. 팀장의 훌륭한 커뮤니케이션 능력을 조직 문화로 만들어 보자. 일주일 캠페인, 월간 캠페인 등으로 하루에 한 번씩 실천하는 활동을 하자.

- 일주일간 칭찬 릴레이
- 아침 인사말과 함께 스몰 토크small talk 건네기
- 웃으며 인사에 응답하기
- 복도에서 마주치면 눈을 보며 미소 짓기

- 설명을 길게 하지 않는다. 핑계나 잔소리처럼 들린다.
- 객관적인 사실을 전달하라. 이성적으로 보인다.
- 감정을 넣어야 할 때는 표정에도 신경 쓰자. 진정성 있게 느껴진다. 단, 부정적인 피드백을 전달해야 한다면 중립적인 표정이 도움이 된다. 마음의 상처를 덜 받게 된다.
- 커뮤니케이션 기준을 정하고 이를 한결같이 유지하라. 팀장의 행동에 믿음을 갖게 된다.

팀장이 되는 순간, 대부분 조급증이 일어난다. 빨리 성과를 내고 싶은 마음에서다. 그러다 보니 팀원을 성과를 위한 도구로 여기는 경우가 많다. 특히나 조직이 크면 클수록 직원을 큰 기계의 부품으로 여길 수 있다. 시스템으로 움직이다 보니 팀원 한 명이 없어진다고 해서 조직에 큰 문제가 생기지 않기 때문이다. 하지만 이를 당연시하면 팀원들도 '나 하나쯤이야'라고 생각하게 되고 회사에 애정을 갖지 못하게 된다.

이제는 팀장과 팀원의 삶의 목적과 일의 의미를 찾고 함께 더불어 가는 행복한 일터로 만들어 나가야 하는 시대이다. 52시간 근무제로 워라밸이 본격화되면서 기성세대들은 한탄 섞인 말을 하곤 한다. "이렇게 일을 안 해서야"라고 말이다. 하지만 주4일제를 도입한 몇몇 조직들은 주5일제 근무를 할 때보다 더 나은 성과를 내고 있다. 하이브리드 근무가 일반화되면서 세계 각지에 흩어져 근무하는 조직들도 생겨났다. 처음에는 우려의 시선이 많았지만, 이제는 상사의 감시 아래 업무를 하거나 계속되는 회의가 아니어도 충분히 성과를 낼 수 있음을 알게 되었다. 일하는 방식이 변화하면서 유연근무제는 능력 있는 인재들을 영입하기 위한 유인책으로도 활용되고 있다. 이러한 제도를 시행할 수 있었던 건 관리자들이 팀원을 기계가 아닌 인간으로 바라봤기에 가능했다. 팀원들을 언제든 대체할 수 있는 기계의 부품이 아니라 한 인격체로 바라보고, 그들의 행복에 초점을 둔 것이다.

이 책에서 다양한 상황에 따른 행동 팁을 제시하며 마치 꼭 따라야 하는 규범적인 지침처럼 이야기했지만, 오해 없길 바란다. 이를 바탕으로 각자의 상황에 맞는 방식을 선택적으로 적용해야 하며, 기계가 아닌 '인간'과 함께 일함을 기억하자.

주
—

1　[4가지 팀장의 역할 유형] 박혜원, 감정애. (2013). 팀장의 역할이 팀 효과성에 미치는 영향. 한국인사관리학회 학술대회 발표논문집, 2013. 1, 1-25.

2　리더십 개발 교육 사례연구: 대기업 사례 중심으로, 전기석, 박찬균. (2021). 기업경영리뷰 12(3). 293-320

3　https://www.mobiinside.co.kr/2021/05/18/startup-sleeptime/

4　Jack Zenger, Joseph Folkman, 〈나쁜 관리자가 조용한 퇴사자를 만든다〉, HBR 2023, 1-2.

5　https://view.asiae.co.kr/article/2022082414175039804

6　https://news.ebs.co.kr/ebsnews/allView/60257330/N

7　http://www.worktoday.co.kr/news/articleView.html?idxno=18846

8　Mark Mortensen, Amy C. Edmondson. 〈직원들에 대한 가치 제안을 재검토하라〉 HBR. 2023, 1-2

9　Jack Zenger, Joseph Folkman, 공저, 〈Do You Tell Your Employees You Appreciate Them?〉 HRD. org, 2022

10　군사리더십 전문가, 《명장의 코드》 저자

11 경영 컨설턴트, 스탠퍼드 대학교 대학원 교수,《좋은 기업을 넘어 위대한 기업으로》 저자

12 경영 컨설턴트, 기업인《성공하는 사람의 7가지 습관》저자

13 https://www.nongmin.com/article/20230411500196

14 Charles Duhigg, "What Google Learned From Its Quest to Build the Perfect Team," New York Times, February 25, 2016.

15 Amy Edmonson, "Psychological safety and learning behavior in work teams," Administrative Science Quarterly 44, no. 2(1999), 350~383.

16 https://www.mk.co.kr/news/columnists/9693822

17 Amy Edmonson, "Psychological safety and learning behavior in work teams," Administrative Science Quarterly 44, no. 2(1999), 350~383.

18 스티븐 머피 시게마쓰, 카츠 [시너지, 힐링, 권한: 문화적 다양성으로 인한 통찰 Synergy, Healing and Empowerment: Insights from Cultural Diversity]

19 https://contents.premium.naver.com/hbrkorea/essential/contents/ 220523093656195oj

20 https://www.chosun.com/economy/tech_it/2022/10/11/6KHEN3367VH NBPIOYFD5RQXTVQ/?utm_source=naver&utm_medium=referral&utm_ campaign=naver-news

21 Russ-Eft, D. (2002). A typology of training and work environment factors affection workplace learning and transfer. Human Resource Development Review, 1(1), 45-65.

22 이민영, 대기업 사무직 근로자의 무형식학습과 개인 및 팀 변인의 위계적 관계, 서울 대학교, 2013

23 장재웅, 실패해도 불이익이 없다는 믿음 줘야 불확실한 미래에 대처할 혁신 가능, DBR, 2023, 8~9.

24 D. Sull, S. Turconi, and C, Sull, "When It Comes to Culture, Does Your Company Walk the Talk?" http://sloanreview.mit.edu, July 21, 2020.

25 P. Gray, R. Cross, and M. Arena, 'Use Networks to Drive Culture Change'MIT SMR, Winter, 2022

26 댄 설리번,《누구와 함께 일할 것인가》, 비즈니스북스, 2023

27 https://www.insight.co.kr/news/445883

28 https://newsis.com/view/?id=NISX20230906_0002439706&cID=13001&p
    ID=13000

29 Bo Cowgill, 사내 인재 관리 마켓플레이스, 어떻게 만들까? Harvard Business
    Review, 2023, May-June

30 https://terms.naver.com/entry.naver?docId=3397287&cid=58393&category
    Id=58393

31 https://www.youtube.com/watch?v=imKTmrpVuuQ

32 https://www.sedaily.com/NewsView/29O907MF2Z

33 https://www.hankyung.com/it/article/202209065244i

34 이민영, 대기업 사무직 근로자의 무형식학습과 개인 및 팀 변인의 위계적 관계, 서울
    대학교, 2013

35 https://www.getnews.co.kr/news/articleView.html?idxno=638676

36 https://it.chosun.com/news/articleView.html?idxno=2022112201957

37 https://terms.naver.com/entry.naver?docId=6210722&cid=43667&category
    Id=43667

38 https://www.gallup.com/workplace/353096/practical-tips-leaders-better-
    onboarding-process.aspx

39 김영미, LG경영연구원, [특집]경력직 관리, 온보딩을 넘어 통합으로, 2023, 09.

40 http://www.casenews.co.kr/news/articleView.html?idxno=4094

41 https://www.forbes.com/sites/christinecomaford/2019/07/03/new-
    study-76-of-people-think-mentors-are-important-but-only-37-have-
    one/?sh=74b4daef4329

42 https://www.chosun.com/economy/weeklybiz/2023/01/19/NANH4BX27
    NAK5FRJAJM4236IWM/?utm_source=naver&utm_medium= referral&utm_
    campaign=naver-news

43 https://www.chosun.com/economy/weeklybiz/2023/01/19/NANH
    4BX27NAK5FRJAJM4236IWM/?utm_source=naver&utm_medium=
    referral&utm_campaign=naver-news

44 https://www.chosun.com/economy/science/2021/03/18/52KZ7ZUIT5ACLB

Y76ZTOIWY7CY/

45 https://www.hbrkorea.com/article/view/atype/di/category_id/2_1/article_
no/798/page/1

46 https://zdnet.co.kr/view/?no=20200313101708

47 Binyamin Cooper 외, 〈Trapped by a First Hypothesis: How Rudeness Leads
to Anchoring〉, Journal of Applied Psychology, 2022.

48 Raffaella Sadun 외, 〈C-레벨 최고경영진에게 가장 중요한 스킬〉, Harvard Business
Review, 2022. 7-8

49 https://terms.naver.com/entry.naver?docId=6213623&cid=43667&category
Id=43667

요즘 팀장의 리더 수업

1판 1쇄 발행 2024년 3월 19일
1판 2쇄 발행 2024년 5월 30일

지은이 이민영

발행인 양원석
책임편집 이아람 **디자인** 조윤주
영업마케팅 양정길, 윤송, 김지현, 정다은, 박윤하

펴낸 곳 ㈜알에이치코리아
주소 서울시 금천구 가산디지털2로 53, 20층 (가산동, 한라시그마밸리)
편집문의 02-6443-8863   **도서문의** 02-6443-8800
홈페이지 http://rhk.co.kr
등록 2004년 1월 15일 제2-3726호

ISBN 978-89-255-7520-9 (03320)